JN012934

いきもの

監修　成島 悦雄／塩見 一雄／須田 研司

高橋書店

カリフォルニアアシカ
ホホジロザメ
コウテイペンギン
カブトムシ
ニシゴリラ
ニホンザル
ライオン
ブタ
ゴライアス
トリバネアゲハ
ウマ
わたし
トラ
クロサイ

いろんな いきもの おおきさ くらべ！

りくや みずのなか、そらで せいかつする いきものが だいしゅうごう。
ちいさな ムシも かくれているから さがしてみましょう。

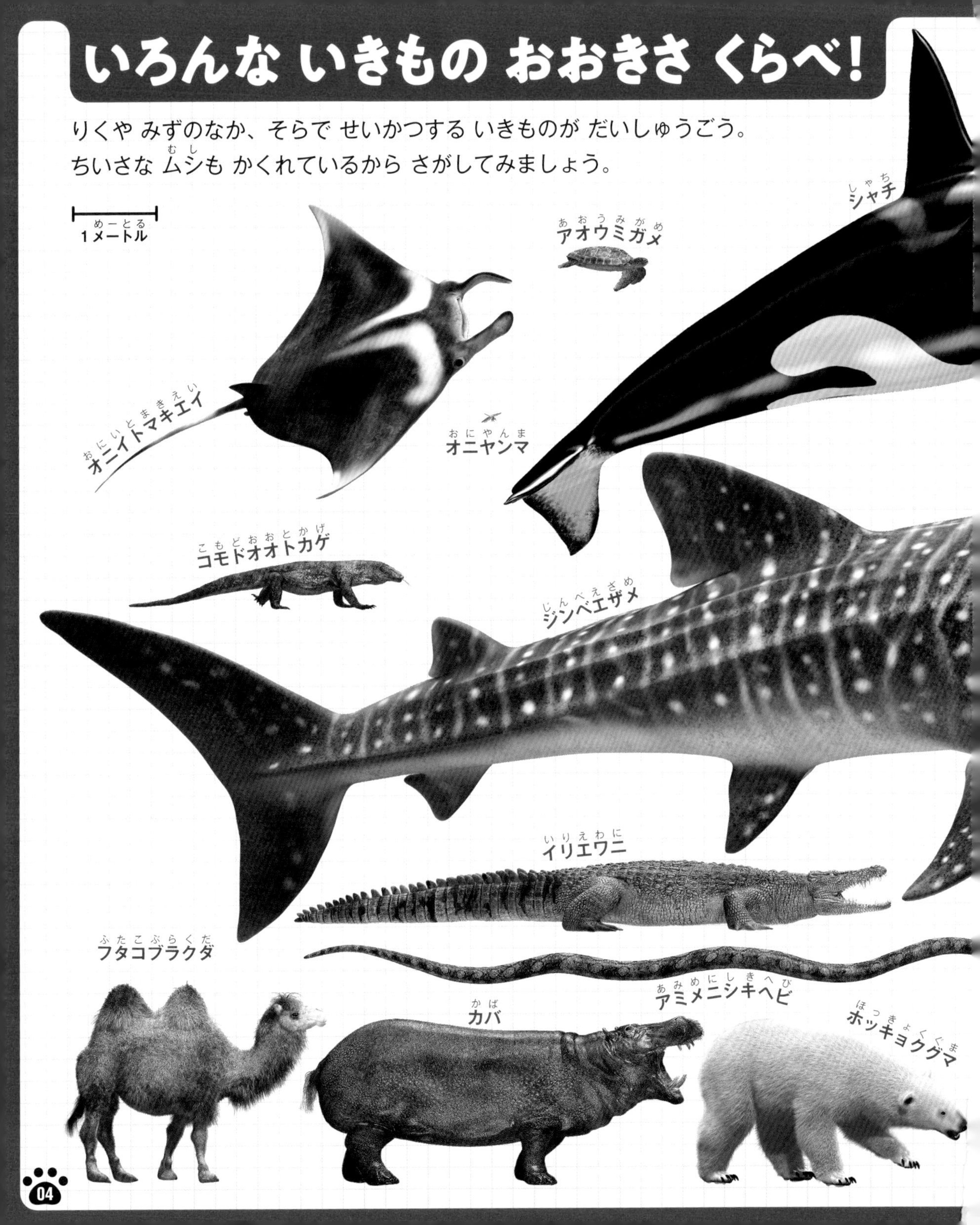

「はじめてのずかん」のたのしみかた

すきな ことに むちゅうに なろう

「もっと しりたい！」を ふやそう

たくさんの ことばに であおう

わたしたちが くらす ちきゅうには さまざまな いきものも くらしています。
まちの こうえん、たんぼや はたけ、もりや はやし、かわや うみなど、
どんなところに どんなどうぶつがいるか しらべるのに、
この ずかんが やくにたてば とても うれしいです。

かんしゅう なるしま えつお

りくにも うみにも、たくさんの いきものが います。
おおきいものや ちいさいもの、かわいいものや こわいものなど、いろいろです。
でも、みんな いっしょうけんめい いきて いますので、
「みんな いい」と おもってください。

かんしゅう しおみ かずお

みなさんの すきな いきものは なんですか？
このほんには、たくさんの いきものが とうじょうします。
おきにいりの いきものが みつかったら、どうぶつえんや すいぞくかん、
はくぶつかんなどに でかけて、もっと しらべてみてください。

かんしゅう すだ けんじ

なまえを チェックしよう！

いきものの なまえや しゅるい、からだの ぶぶんの なまえなどを チェックしましょう。

＊おもに種名で紹介していますが、生き物によっては総称を掲載しています。

「いちばん」を みつけよう！

ほかの いきものと くらべて とくべつな いきものには、この マークが ついています。どんな ことが いちばんなのか チェックして みましょう。

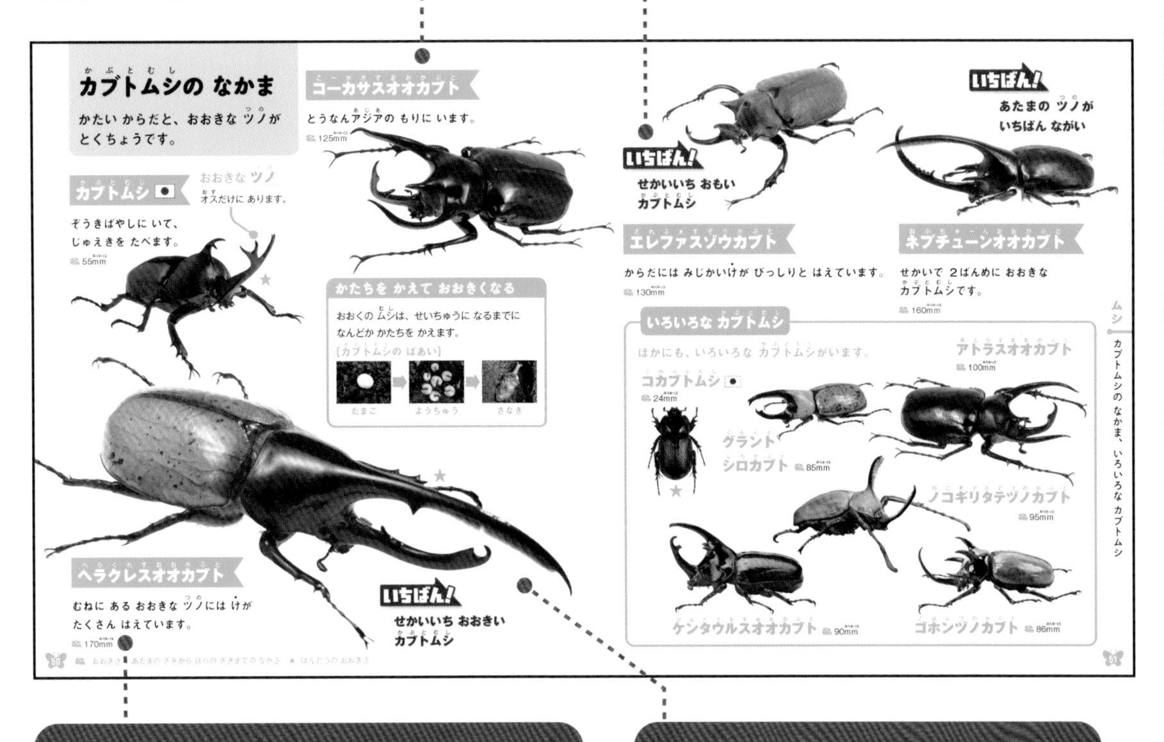

おおきさを くらべて みよう！

いきものの おおきさの ちがいが、しゃしんの おおきさで わかります。おおきさは すうじでも しめしているので、じぶんや みじかな ものと くらべてみましょう。

＊個体差があるため、生き物の目安となる大きさを記載しています。
＊大きさの測り方は、各章のページ下に掲載しています。特別な測り方で大きさを示す場合は、生き物の大きさと一緒に掲載しています。

しゃしんを よく みてみよう！

はくりょくの ある しゃしんで たのしめます。ムシの「★」は、ほんとうの おおきさです。みための とくちょうや、ほかとの ちがいを さがして みましょう。

● は にっぽんに すむ こんちゅうです。

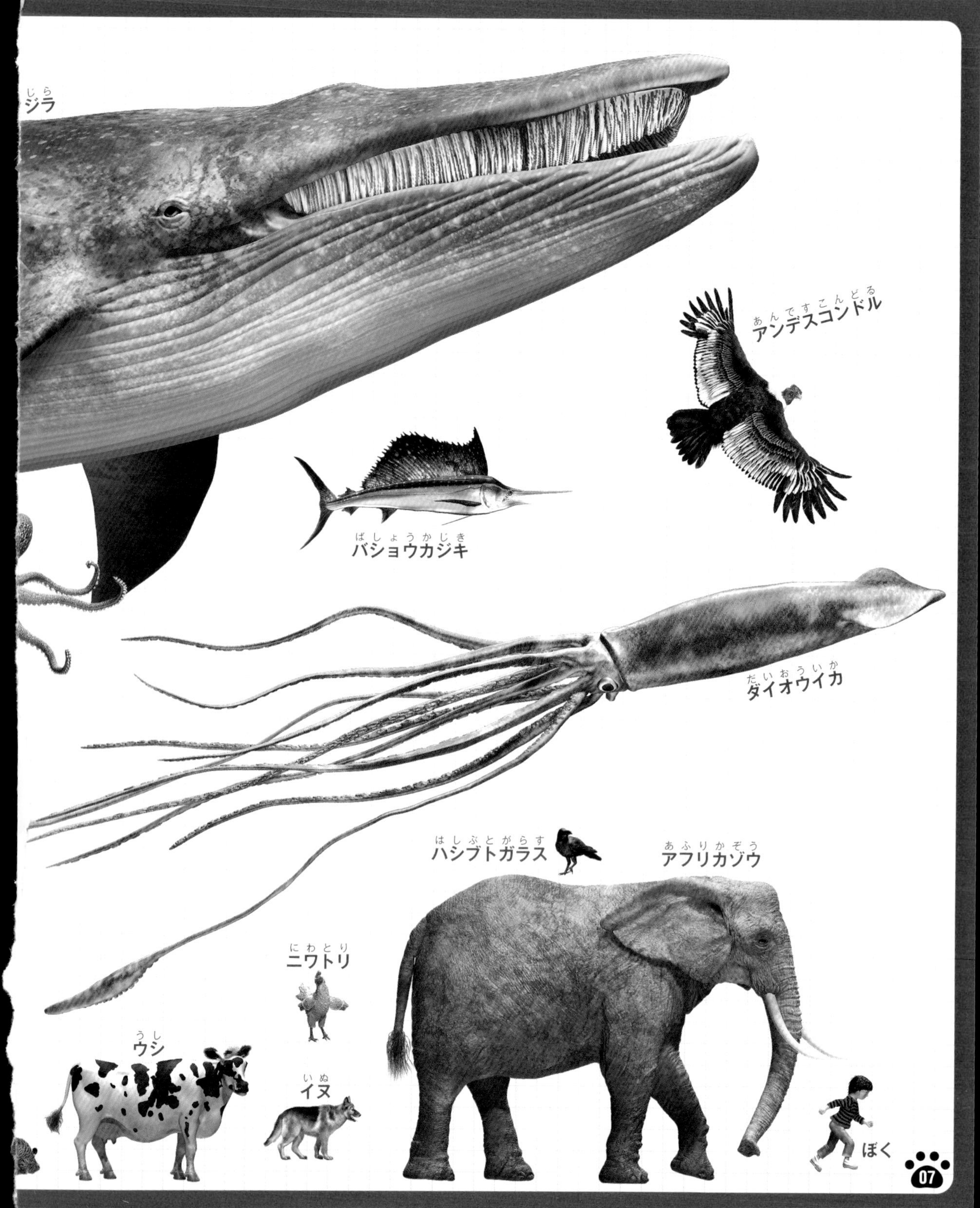
じら
ジラ
あんですこんどる
アンデスコンドル
ばしょうかじき
バショウカジキ
だいおういか
ダイオウイカ
はしぶとがらす
ハシブトガラス
あふりかぞう
アフリカゾウ
にわとり
ニワトリ
うし
ウシ
いぬ
イヌ
ぼく

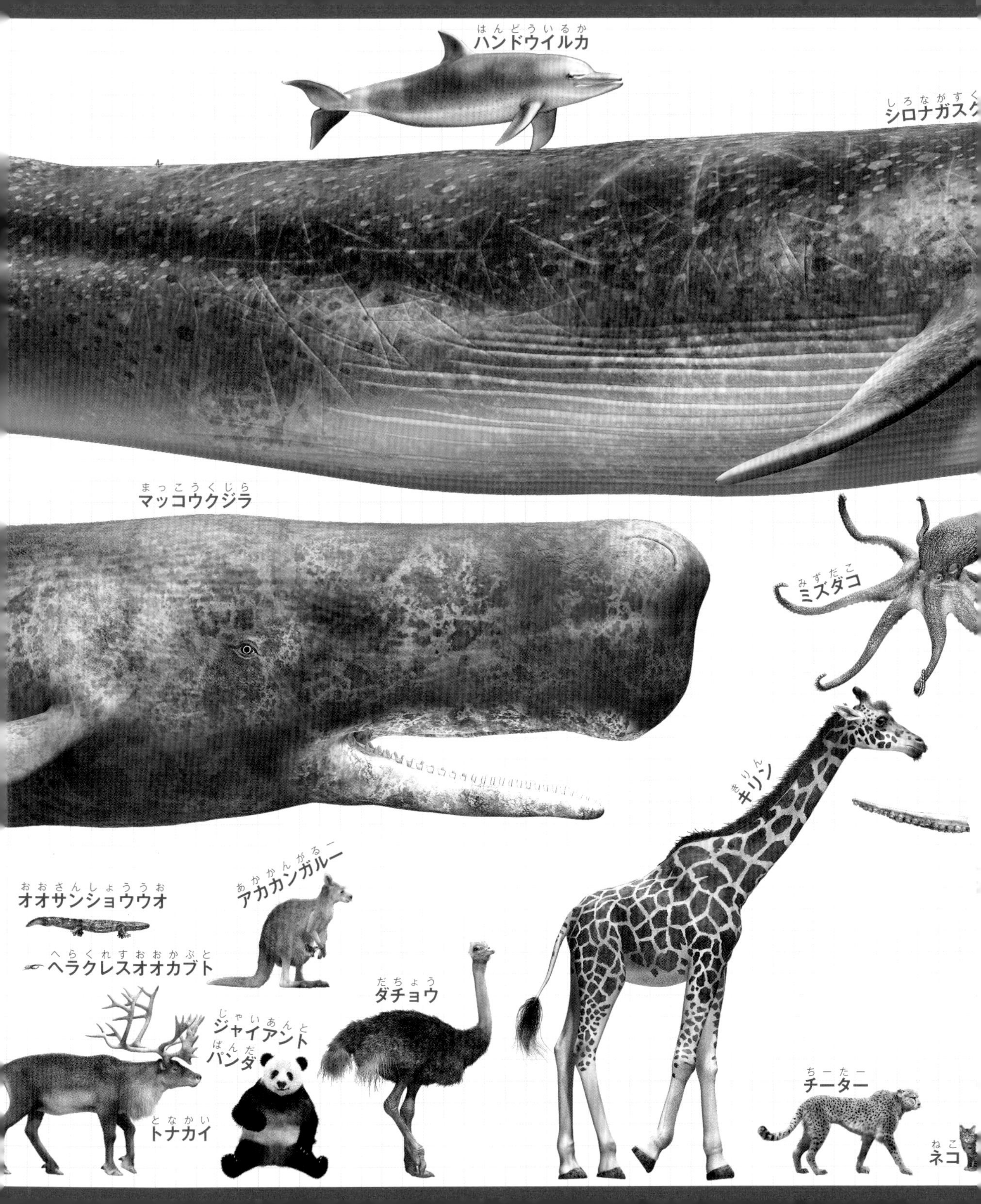
ハンドウイルカ
シロナガスク
マッコウクジラ
ミズダコ
キリン
オオサンショウウオ
アカカンガルー
ヘラクレスオオカブト
ダチョウ
ジャイアント
パンダ
トナカイ
チーター
ネコ

もくじ

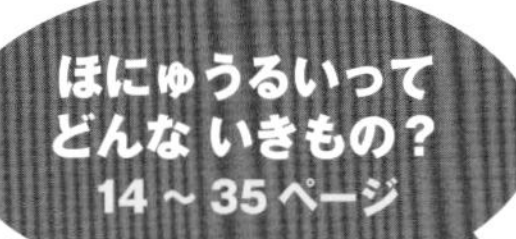
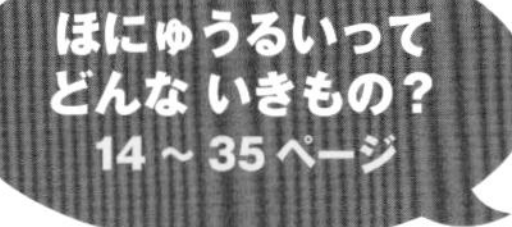

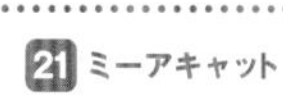

31 コアラ
31 ヒメウォンバット
31 キタオポッサム
32 にほん はくしょくしゅ
32 ネザーランド ドワーフ
32 ニホンノウサギ
32 アマミノ クロウサギ
32 ナキウサギ
33 ニホンモモンガ
33 シマリス
33 ハツカネズミ
33 アメリカビーバー
33 カピバラ
34 アイアイ
34 ワオキツネザル
34 ニホンザル
34 ピグミーマーモセット
35 チンパンジー
35 スマトラ オランウータン
35 ニシゴリラ
35 ヒト(わたし・ぼく)
とりって どんな いきもの? 36～47ページ
37 スズメ
37 カワラバト
37 ハシブトガラス
37 ツバメ
37 ウグイス
38 メジロ
38 シジュウカラ
38 オナガ
38 ヒヨドリ
38 モズ
38 ムクドリ
39 ヒバリ
39 ウズラ
39 カワラヒワ
39 キジ
40 イヌワシ
40 オオタカ
40 ヨタカ
40 フクロウ
41 コマドリ
41 ゴジュウカラ
41 クマゲラ
41 ホトトギス
41 ライチョウ
42 カワセミ
42 カワウ
42 マガモ
42 オシドリ
42 カルガモ
43 ダイサギ
43 オオハクチョウ
43 タンチョウ
44 ハヤブサ
44 オジロワシ
44 オオワシ
45 ウミネコ
45 カモメ
45 ハマシギ
45 クロサギ
46 コウテイペンギン
46 ダチョウ

46 ハシビロコウ
46 ベニイロフラミンゴ
46 アンデスコンドル
46 オニオオハシ
46 モモイロペリカン
46 ヒクイドリ
46 インドクジャク
46 マメハチドリ
47 アヒル
47 ガチョウ
47 ニワトリ
47 キュウカンチョウ
47 セキセイインコ
47 ブンチョウ
47 カナリア
47 シチメンチョウ
こんちゅうって
どんな いきもの?
48 ~ 71 ページ
50 カブトムシ
50 コーカサスオオカブト
50 ヘラクレスオオカブト
51 エレファスゾウカブト
51 ネプチューンオオカブト
51 コカブトムシ
51 グラントシロカブト
51 アトラスオオカブト
51 ノコギリタテヅノカブト
10 ケンタウルスオオカブト
51 ゴホンヅノカブト
52 ミヤマクワガタ
52 ギラファノコギリクワガタ
52 オオクワガタ
52 コクワガタ
53 ノコギリクワガタ
53 パラワンオオヒラタクワガタ
53 タランドゥスオオツヤクワガタ
53 マンディブラリスフタマタクワガタ
53 メンガタクワガタ
53 パプアキンイロクワガタ
53 ニジイロクワガタ
54 コガネムシ
54 カナブン
54 コアオハナムグリ
54 ヤンバルテナガコガネ
54 ゴライアスオオツノハナムグリ
55 オオセンチコガネ
55 プラチナコガネ
55 シンジュアシナガコガネ
56 ナナホシテントウ
56 ナミテントウ
56 ニジュウヤホシテントウ
56 キイロテントウ
57 オオルリタマムシ
57 ヤマトタマムシ
57 オビモンハデルリタマムシ
57 キベリルリタマムシ
58 ゴマダラカミキリ
58 シロスジカミキリ
58 ルリボシカミキリ
58 オオキバウスバカミキリ
59 クリシギゾウムシ
59 ハンミョウ
59 アオオサムシ
59 ゲンジボタル

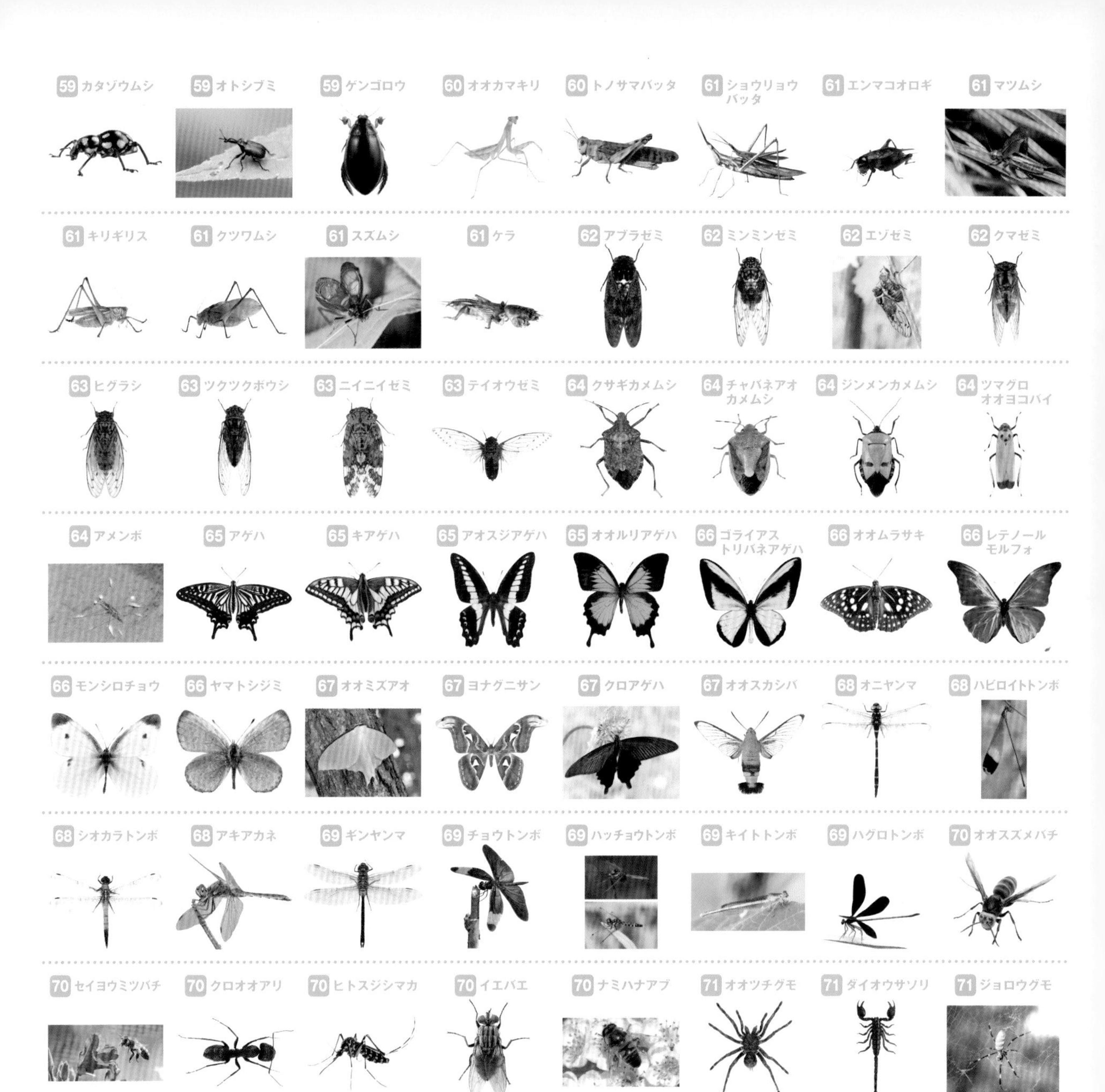

71 マミジロハエトリ

71 オカダンゴムシ

71 トビズムカデ

71 シマミミズ

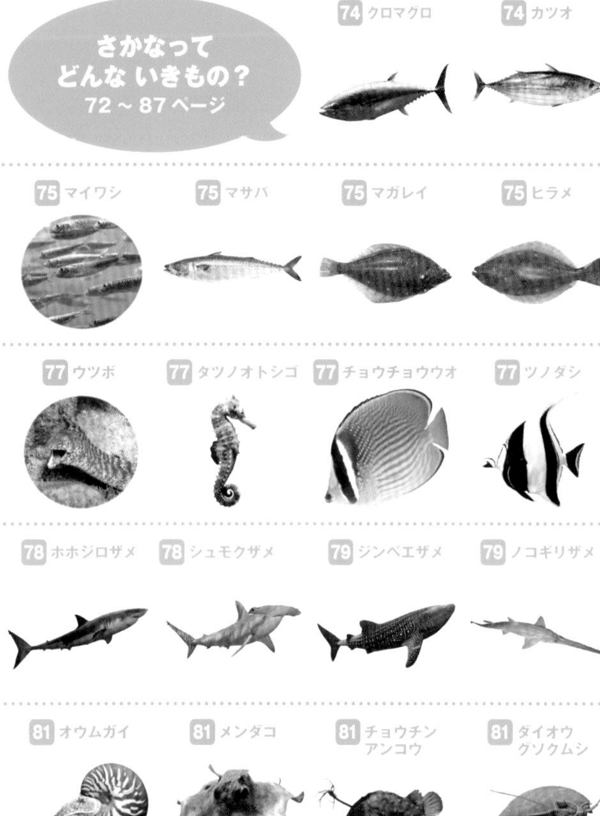

さかなって どんな いきもの？

72～87ページ

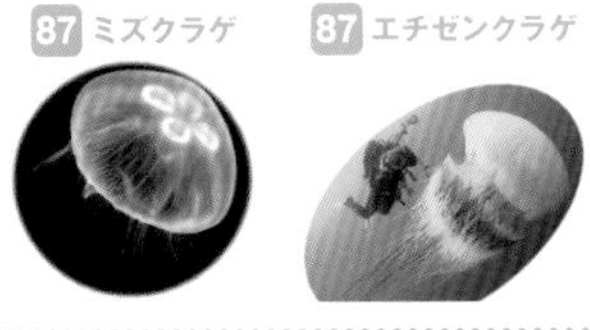

はちゅうるいって
どんな いきもの？
88 ～ 92 ページ

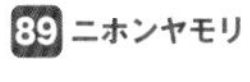

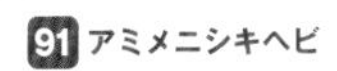

りょうせいるいって
どんな いきもの？
93 ～ 95 ページ

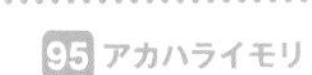

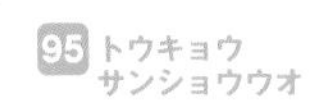

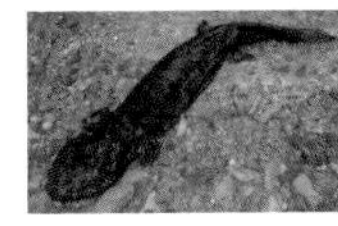

とくしゅう

参考文献……『小学館の図鑑 NEO』シリーズ（小学館）

写真……Aflo、アマナイメージズ、iStock、gettyimages、PIXTA、shutterstock
須田研司

制作協力……近藤雅弘

カバー・本文デザイン……宇都木スズムシ
（ムシカゴグラフィクス こどもの本デザイン室）

DTP……宇都木スズムシ・オバタアメンボ
（ムシカゴグラフィクス こどもの本デザイン室）

イラスト……marutanton、服部雅人、宮本和沙

編集協力……加藤達也、加藤深月

校正……株式会社鴎来堂

ほにゅうるいって どんな いきもの？

あかちゃんとして うまれて、おかあさんの ミルクを のんで おおきく なります。

どんなものを たべているの?

くさをたべる

ウシや ウマなどは
くさを たべます。

にくをたべる

ライオンや オオカミなどは
にくを たべます。

いろいろたべる

クマや ヒトなどは、にくも
きのみも いろいろ たべます。

どんな ところで せいかつするの?

りくじょうで せいかつする しゅるいと、
みずの なかで せいかつする しゅるいが います。

どうやって ねむるの?

きの うえなどで
ねむる

およぎながら ねむる

よこに なって ねむる

ネコの なかま

1ぴきで こうどうする ことが おおく、えものを おいかける かりが じょうずです。

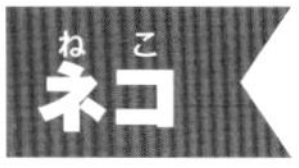

ネコ

みがるな どうぶつで、かいネコや やせいの ネコが います。

ネコ（キジトラ）

ペットとして かわれる ネコの ひとつです。

60cm

イリオモテヤマネコ

いりおもてじまに いる やせいの ネコです。

65cm

?「にくきゅう」ってなに？

あしの うらに あり、
あしを まもる やくわりが あります。

ネコの なかまで いちばん おおきい！

トラ

アフリカや インドなどに います。

3m

りっぱな **たてがみ**

たてがみが あるのは、オスだけです。

オス

ライオン

「ひゃくじゅうのおう」と よばれます。
するどい きばと つめで かりをします。

オス 3m　メス 2m50cm

おおきさ：はなさきから しっぽの つけねや おしりまでの ながさ

いちばん!

はやく　はしる

じそく100km（きろめーとる）で
はしります。

チーター（ちーたー）

するどい つめで じめんを けって、
すごいスピード（すぴーど）で、かりをします。

1m（めーとる）50cm（せんちめーとる）

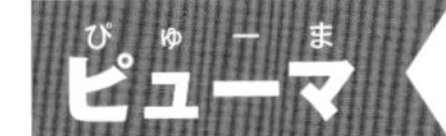

ピューマ（ぴゅーま）

ちいさな どうぶつや
おおきな シカを
たべます。

2m（めーとる）

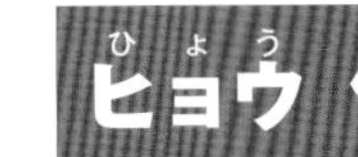

ヒョウ（ひょう）

きのぼりが じょうずで、
とりや どうぶつを
たべます。 1m（めーとる）80cm（せんちめーとる）

メス（めす）

メス（めす）は むれを つくって、
かりを します。

おおきな **みみ**

おとで えものの
いちを さぐります。

サーバル（さーばる）

あしが ながく、
そうげんで かりをします。

1m（めーとる）

ほにゅうるい ー ネコの なかま

イヌの なかま

ながい じかん はしれます。
むれを つくって えものを おいかます。

イヌ

ヒトに かわれている イヌには
いろいろな しゅるいが います。

シバイヌ

にほんの
こがたけんです。

40cm
（かたまでの たかさ）

しっぽ

うれしいと しっぽを
ふるのが イヌの
とくちょうです。

はな

ヒトでは わからない
においも かぎわけます。

ジャーマン・シェパード・ドッグ

けいさつけんや
もうどうけん などで
かつやく しています。

65cm（かたまでの たかさ）

わぉーーん！

むれでは、ボスから
つよい じゅんばんが
きまっています。

オオカミ

はなれた なかまに「とおぼえ」で
あいずします。

1m50cm

セグロジャッカル

よるに かりを しますが、
くだものも たべます。

90cm

リカオン

にくが だいすきで、
むれで かりを します。

1m10cm

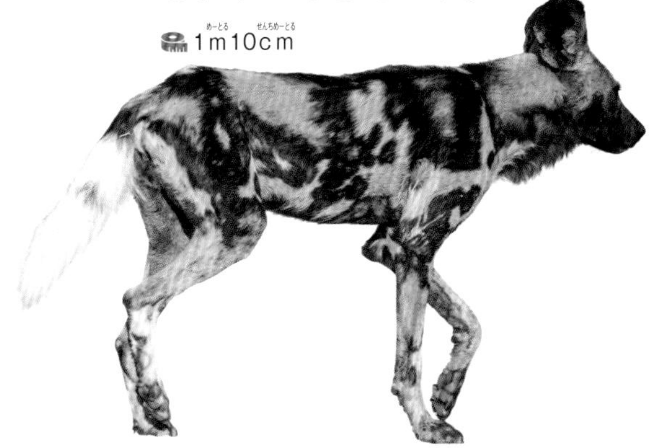

キツネ

ちいさな どうぶつや ムシ、くだものを
たべます。

90cm

フェネック

イヌの なかまで いちばん
ちいさいです。

40cm

みみ

15cm もある
ながい みみが
とくちょうです。

タヌキと アライグマも イヌの なかま?

よく にていますが、タヌキは「イヌか」、アライグマは「アライグマか」という なかまです。

あしが
くろい。

めもとから
くびまで
くろい。

タヌキ

やまや もり、いえの ちかくにも
あらわれます。よるに こうどうします。

60cm

あしが
しろい。

しっぽが
しましま。

アライグマ

むれで せいかつします。アメリカの どうぶつで、
まえあしで じょうずに えものを つかまえます。

60cm

クマの なかま

まえあしと うしろあしに するどい かぎづめを もっています。

ヒグマ

ほっかいどうの やまに いて、しょくぶつも にくも たべます。

2m

ホッキョクグマ

ほっきょくに いて、およぎが とても じょうずです。

3m

いちばん！

いちばん おおきな クマ

たちあがると ろせんバスの やねくらいの たかさに なります。

ジャイアントパンダ

タケや ササを まえあしで じょうずに もって、たべます。

1m50cm

ゆびを まげたときに でる 2つの でっぱりで、ものを つかみます。

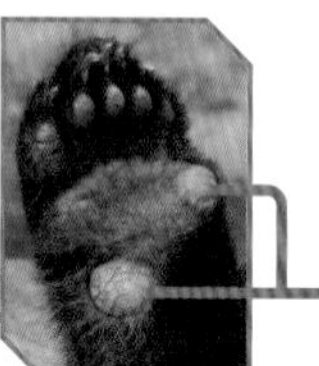

でっぱり

レッサーパンダも パンダ？

クマや パンダよりも、アライグマや イタチに ちかいと かんがえられています。

イタチ・マングースの なかま

ながい からだと みじかい あしが とくちょうです。

ニホンイタチ

かわの ちかくに いて、
ネズミや カエル、
さかななどを たべます。

37cm

ミーアキャット

マングースの なかまです。
たって、とおくの てきを
みつけます。

35cm

コツメカワウソ

みずの なかで、さかなを
おいかけて つかまえます。

60cm

あしには みずかきが
ついています。

シマスカンク

きけんを かんじると、
おしりから くさい えきを
とばして にげます。

40cm

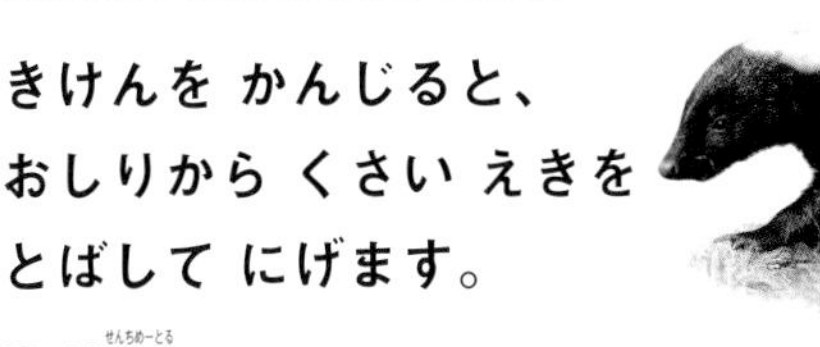

ラッコ

うみに もぐって、カイや
カニなどを とります。

1m50cm

おなかに のせた いしで
カイを わります。

アシカ・アザラシ・セイウチの なかま

うみで くらす ほにゅうるいです。
ひれに なった あしで、じょうずに およぎます。

ゴマフアザラシ

きたの つめたい うみに いて、
300m くらいまで もぐれます。

1m70cm

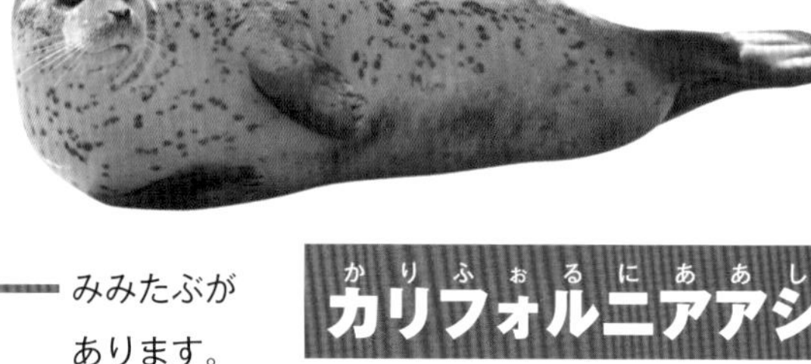

ゆきの うえで めだたないよう、
あかちゃんは まっしろです。

みみたぶが
あります。

カリフォルニアアシカ

およぎが じょうずで、イルカのように
ジャンプすることも あります。

2m40cm

すいぞくかんでは、ショーを
してくれます。

キバは オスと メス、
りょうほうに あるよ

とても あつくて
かたい ひふです。

セイウチ

おおきな むれを つくります。
キバは、20～60cm くらいです。

3m20cm

クジラの なかま

さかなの かたちに ちかいですが、
ほにゅうるいです。

ハンドウイルカ

こうきしんが つよく、
ヒトに なれやすいです。 3m20cm

はな

あたまの うえに ある
はなで いきを します。

こども

うみの なかで、おかあさんの
ミルクを のんで そだちます。

おおきな
せびれ

2m ちかい
おおきさに なることも。

シロイルカ

「ベルーガ」とも いいます。
せいちょうするほど
しろく なります。

4m50cm

せびれが ありません。

メロン

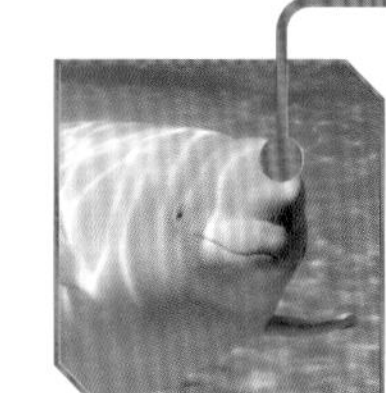

ここから とくしゅな
おとを だして、
なかまと はなします。

シャチ

とても はやく およぎ、
チームで かりを することも あります。

8m

おおきさ：うわあごから おびれの きりこみまでの ながさ

はが ある

「は」が ある クジラは
「ハクジラ」と いいます。
マッコウクジラは
ハクジラの なかで
いちばん おおきいです。

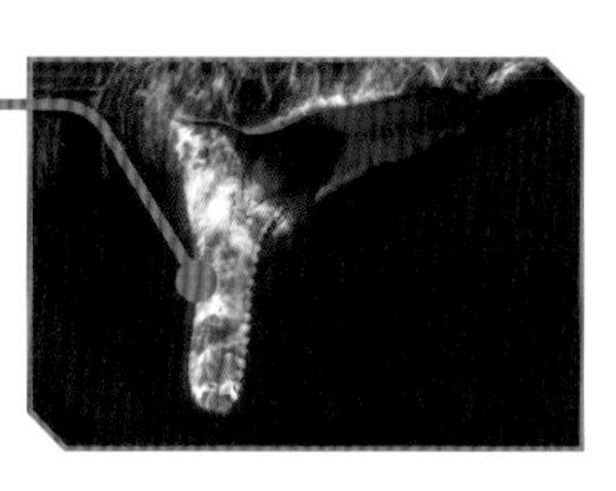

マッコウクジラ

イカや さかなを たべます。
3000m まで もぐることも あります。

15m

シロナガスクジラ

からだが とても ながく、
オキアミなどの ちいさな
いきものを たべます。

30m

ひげが ある

「くじらひげ」と よばれる
ブラシのような ものがあり、
ちいさな いきものを
こしとって たべます。

いちばん！

いちばん おおきな
ほにゅうるい

ろせんバスが 3 だい
ならんだ くらいです。

ラクダ・イノシシの なかま

ラクダやイノシシ の なかまにも、ヒトの やくにたっている しゅるいが たくさん います。

おおおきな **こぶ**
さばくで いきるために ひつような えいようとなる しぼうが つまっています。

フタコブラクダ

さばくで ヒトをのせ、にもつを はこんだり します。

3m50cm

イノシシ

1m80cm

もりや やまに います。オスは１ぴきで、メスは むれで くらします。

これは メスです。キバが あれば オスです。

こどもの ときは 「うりぼう」と よばれます。

アルパカ

みなみアメリカの たかい ところで、ヒトに かわれています。 2m

ほそながい **け** こうきゅうな「いと」に なります。

？ かちくに なった イノシシが ブタ!?

おおむかしの ヒトが かいはじめた イノシシが、ブタに なったと いわれています。

キリン・シカの なかま

キリンの なかまは、キリンと オカピだけです。
シカの なかまは しゅるいが おおく、
ほとんどが つのを もちます。

ひふに おおわれた **つの**

メスの ほうが、
ちいさいです。

したべろ

むらさきいろです。

キリン

アフリカの そうげんで、
たかい きの はっぱを
たべます。

4m70cm

いちばん！

いちばん せが たかい！

さいだいで やく 6m あります。

トナカイ

2m20cm

ほっきょくに ちかい
もりに すんでいます。
メスにも つのが あります。

オカピ

みみまで とどく
ながい したべろを
もっています。

2m20cm

ニホンジカ

なつは ちゃに
しろいはんてん、
ふゆは はいいろの
けに かわります。

2m

「ムース」とも
いうよ。

ヘラジカ

きたアメリカに いて、
からだも つのも
おおきい シカです。

3m10cm

ウシ・カバの なかま

くさを たべる どうぶつの なかまです。
ヒトに かわれている どうぶつも います。

ウシ

ぼくじょうに いて、ミルクを たくさん つくります。

1m40cm（かたまでの たかさ）

チーズや バターも ミルクから できています。

ヤギ

ミルクを とるために ぼくじょうで かわれて います。

90cm（かたまでの たかさ）

アジアスイギュウ

のうさぎょうや にぐるまを ひく おてつだいを します。

2m80cm

ヒツジ

ふかふかの けを かり、あらって、ひもに したものが「けいと」です。

90cm（かたまでの たかさ）

インパラ

ジャンプしながら はしることが できます。

1m50cm

カバ

みずの なかに いることが おおく、りくでも かつどうします。 5m

ウマ・サイの なかま

うしろあしの ひづめの かずが 1ぽんか
3ぼんの どうぶつです。
くさや はっぱなどを たべます。

ウマ

はしるのが はやく、
むかしから ヒトに
かわれています。

1m70cm（かたまでの たかさ）

じそく 60km で
はしります。

サバンナシマウマ

アフリカに いて、おおきな
むれを つくることも あります。

2m50cm

アジアノロバ

ウマより ちいさく、
しっぽの さきにだけ
けが あります。

2m50cm

クロサイ

とても かたい ひふで、からだを
まもっています。3m80cm

マレーバク

しろと くろの 2しょくで、
バクの なかまでは、
さいだいです。

2m50cm

くちさきが
とがっています。

ゾウの なかま

とても やさしく、かぞくや なかまを おもいやる きもちを もっています。

アフリカゾウ

おかあさんと こどもは メスの むれで くらします。

7m50cm

おおきな みみ

あついときには あおぎます。

ながい はな

えさを とる、みずを すいこむなどが できます。

いちばん!

りくじょうで いちばん おおきい

おもさは くるま 7だいぶん くらいです。

? アフリカゾウの ほかには どんな ゾウが いるの

アフリカに マルミミゾウ、アジアに アジアゾウが います。みみや あたま、はなの さきの かたちが ちがいます。

[アフリカゾウ]

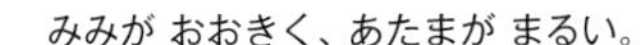

みみが おおきく、あたまが まるい。

[アジアゾウ]

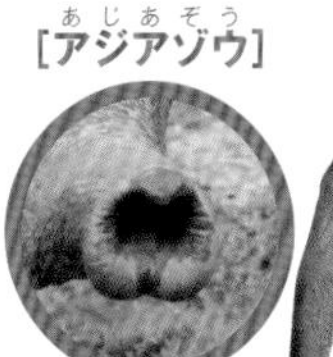

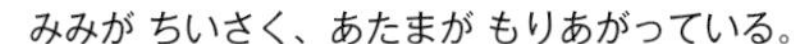

みみが ちいさく、あたまが もりあがっている。

アリクイ・アルマジロ・ナマケモノの なかま

みなみアメリカに います。ほかの どうぶつより はが ちいさかったり、なかったりします。

オオアリクイ

おおきな つめで
アリの すを こわして、
アリを たべます。

2m

ながい した
60cm もあります。

かんぜんに まるくなるのは
ミツオビアルマジロの なかまだけ！

ミツオビアルマジロ

かたい よろいの ような
ひふが とくちょうです。

27cm

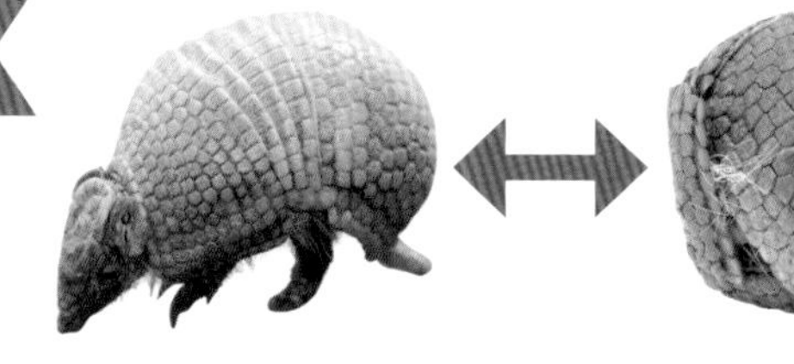

てきに おそわれると、
まるくなって
みを まもります。

うしろあしの つめは 3ぼんです。

ホフマンナマケモノ

ほとんどを きのうえで すごし、
ゆっくり うごきます。

70cm

2ほんの ながい つめで、きに ぶらさがります。

ふくろが ある どうぶつの なかま

おもに オーストラリアに います。おなかに こどもを そだてる ふくろが あります。

しっぽ

1m ほどの ながさです。からだを ささえる ことも あります。

ふくろ

こどもが はいります。

アカカンガルー

うしろあしが つよく、れんぞくジャンプ するように はしります。

1m40cm

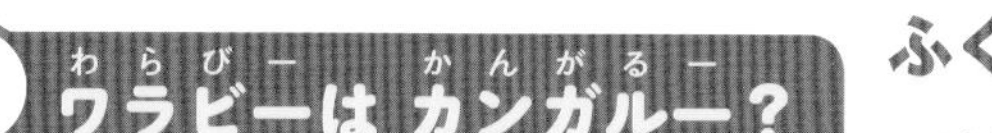

？ ワラビーは カンガルー？

アカクビワラビー

カンガルーの ちいさいのが ワラビー、ちゅうくらいが ワラルーです。

コアラ

ほとんどを きのうえで すごし、ユーカリの はっぱだけを たべます。

78cm

ヒメウォンバット

じめんに あなを ほって すんでいます。

1m15cm

キタオポッサム

もりや いえの ちかくなどに いて、なんでも たべます。

45cm

ウサギの なかま

のはらや やまなどに いるほか、ペットとしても かわれています。

にほんはくしょくしゅ

あかい めを しています。
にほんで つくられた しゅるいです。

50cm

いろいろな **けいろ**

ちゃ、しろ、くろなど、いろいろ ありります。

ネザーランドドワーフ

みみが すこし みじかく、
かおが まるいのが とくちょうです。

26cm

ニホンノウサギ

もりや やまに いて、
ねんに 3～4かい
こどもを うみます。

54cm

なつは ちゃいろ、ふゆは しろに、
けいろが かわるものも います。

アマミノクロウサギ

あまみおおしまの やせいの
ウサギです。あなを ほって、
すを つくります。

51cm

ナキウサギ

ほっかいどうの
たかいやまに います。
しょくぶつを たべて、
よくなきます。 16cm

リス・ネズミの なかま

**おおきな まえばが あります。
しゅるいが おおく、せかいじゅうに います。**

だいすきな たねや きのみを
いっぱい たべます。

ニホンモモンガ

まえあしと
うしろあしの
あいだの まくを
ひろげて とびます。

20cm

シマリス

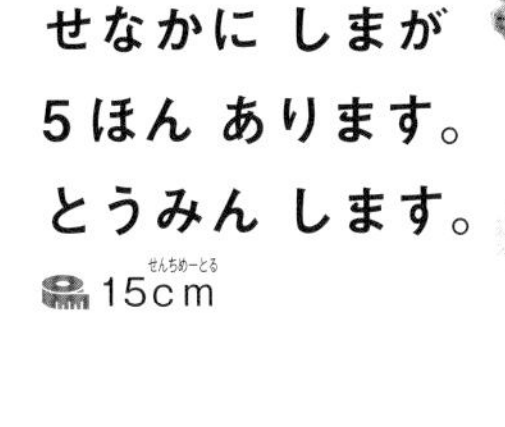

せなかに しまが
5ほん あります。
とうみん します。

15cm

ハツカネズミ

9cm

せかいじゅうの いろいろな
ばしょで せいかつしています。

アメリカビーバー

するどい はを
つかって、
きの えだや どろで
ダムを つくります。

80cm

ビーバーのす

ダムに たまった
みずの なかに つくります。

カピバラ

およぎが とくいで、
もぐることも できます。

1m34cm

いちばん!

おおきな ネズミ

たかさ 60cm くらい、おもさは
50 ~ 60kg くらいに なります。

サルの なかま

ヒトに ちかい なかまです。

アイアイ

よなかに たねや
ムシを たべます。

40cm

ワオキツネザル

むれで せいかつします。
あさと ゆうがたに
かつどうします。 48cm

ニホンザル

ほっかいどうと
おきなわ いがいの
にほんに います。

61cm

いちばん!

いちばん きたに いる

ゆきが つもる ところにも
すんでいます。

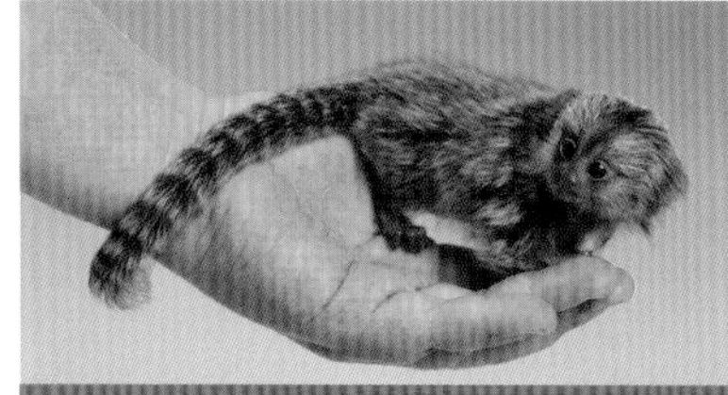

ピグミーマーモセット

きのうえで くらして、
ムシや じゅえきを たべます。

17cm

いちばん!

いちばん ちいさな サル

ポケットにも はいります。

チンパンジー

あたまの いい どうぶつで
どうぐを つかう ことも あります。
96cm

スマトラオランウータン

1にちの ほとんどを もりの
きのうえで すごします。 97cm

オランウータンは、
「もりのひと」という
いみだよ！

ニシゴリラ

もりで むれを つくり、
せなかが ぎんいろの オスが
ボスに なります。 1m80cm

ヒト

＿＿＿＿＿＿＿＿ さん

せかいじゅうに います。
ふくを きて、ことばを はなし、
どうぐを つかいます。

ここにあなたの しゃしんを はってね！

しんちょう：＿＿＿＿＿＿＿＿cm
たいじゅう：＿＿＿＿＿＿＿＿kg
すんでいるところ：＿＿＿＿＿＿＿＿

とりって どんな いきもの？

からだが うもう（はね）に おおわれており、つばさを もっています。

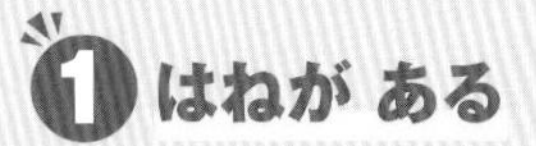

① はねが ある

たいおんを たもつ
やくわりも あります。

② つばさが ある

おおきな つばさを はばたいて
そらを とびます。

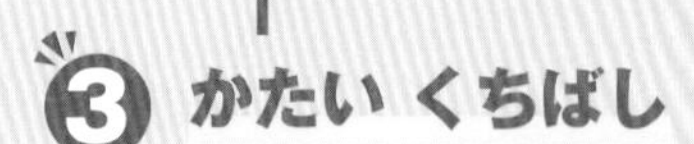

③ かたい くちばし

はは なく、
えさに あわせて
くちばしの かたちが
ちがいます。

④ ちからづよい あし

えものを つかまえたり、
みずを かいたり、
じめんを けったりします。

⑤ かるい からだ

とぶ とりは、
からだが とても
かるくなっています。

とりの そだちかた

①

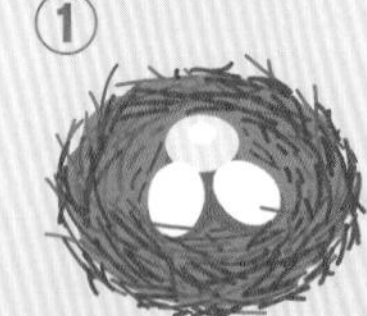

おおくの とりは
きの えだなどに
すを つくります。
とりは たまごから
うまれます。

②

おやどりに
ムシなどの
えさを もらって
そだちます。

③

とぶ れんしゅうを
して、いちにんまえに
なると すだちます。

にわや こうえんで みる とり

いえの にわや こうえんなどで みかける とりです。

スズメ

チュンチュン

やねうらや コンクリートの あななどに すを つくります。

15cm

カワラバト

ヒトに なれており、こうえんなどに たくさん います。

35cm

クックー

ハシブトガラス

カーカー

とかいの カラスは、ゴミを あさって えさを さがします。57cm

ツバメ

のきしたに すを つくり、ヒトの そばで こそだてします。

17cm

チュピチュピ チュピー

まいとし おなじ すで こそだてすると いわれます。

ホーホケキョ ケキョケキョケキョ

ウグイス

はるさきに なくので、「はるつげどり」とも よばれます。

16cm

メジロ

12cm

めの まわりが しろい
ところから なまえが
つきました。

シジュウカラ

15cm

いろいろな なきごえを
つかいわけ、きけんを
しらせます。

むねの くろい ぶぶんが
ふといのが オス。

オナガ

ほかの すの こそだてを
てつだうことが
あります。

37cm

ギューイ
ギューイ

ヒヨドリ

じょうげに なみを
えがくように
とびます。 28cm

ヒーヨ
ヒーヨ

モズ

えさとして つかまえた えものを
えだに さすことが あります。

20cm

キーキーキチキチ

えものを さすことを
「はやにえ」と いいます。

キュルキュル

ムクドリ

くちばしで つついたり、
いしを どかしたりして
えさを さがします。

24cm

そうげんに いる とり

くさちや はたけの ちかくに いる とりです。

ウズラ

なつは きたにほんへ、
ふゆは にしにほんへ、
いどうします。

20cm

ヒバリ

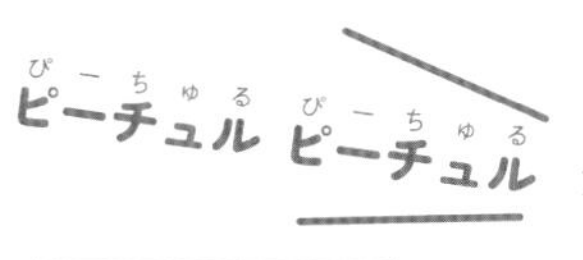

けいかいしんが
つよい とりです。

17cm

カワラヒワ

キリキリ
コロコロ

くさちや のうちなど、
いろいろな ところに
すんでいます。

15cm

キジ

ちじょうを あるくことが
おおい とりです。
たねや はっぱ、
ムシなどを たべます。

80cm

やまに いる とり

やまや ふかい もりに います。

イヌワシ

ちいさな どうぶつや
ヘビなどを たべます。

89cm

カッ カッ
カッ

オオタカ

とりを たべます。
とびながら つかまえる
ことも あります。

57cm

ホッホー
ゴロスケホッホー

とぶときに
おとが しません。

フクロウ

よるに かりをして、
えものを くわえて
はこびます。

52cm

ヨタカ

よるに かつどうします。
すは つくりません。 29cm

ヒンカラララララ

コマドリ

あたたかい じきに
にほんへ きます。

14cm

フィフィ
フィフィ

ゴジュウカラ

きの みきを
じょうげに あるいて、
えさを さがします。

14cm

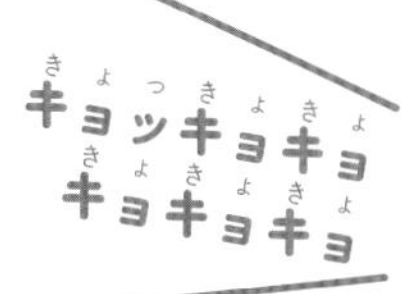

クマゲラ

46cm

くちばしで きを つついて、
えさの ムシを さがします。

キョーン キョーン

にほんの
キツツキで
さいだい！

キョッキョキョ
キョキョキョ

ホトトギス

ほかの とりのすに
たまごを うみ、
そだてて もらいます。

28cm

ゴアー ゴアー

ライチョウ

なつは ちゃいろ、
ふゆは しろい はねに
かわります。 37cm

ふゆばね

なつばね

みずべに いる とり

みずくさなどを たべる とりと、
さかなどを たべる とりが います。

カワセミ

きれいな かわに
とびこんで さかなを
つかまえます。

17cm

チッチー

カワウ

みずに もぐって
さかなを
つかまえます。

82cm

グェーッ
グェッグエッ

メス
オス

マガモ

こどもから おとなになるときに
はねが はえかわります。

59cm

オシドリ

オスは とても カラフル。
きの あなに すを つくります。

45cm

カルガモ

オスも メスも
おなじような いろです。

61cm

ダイサギ

なつと ふゆで、くちばしや めの まわりの いろが かわります。

90cm

きゅうあいの ダンスを まう 2わ。

オオハクチョウ

ふゆに にほんへ きます。みずくさなどを たべます。

1m40cm

タンチョウ

ほっかいどうの しつげんに います。あたまが あかいのが とくちょうです。

1m40cm

うみに いる とり

うみべに、えものを もとめて
やってきます。

オジロワシ

およいでいる さかなを
するどい つめで
つかまえます。 95cm

いちばん!

いちばん
はやく とぶ!
きゅうこうかでは、
じそく 300km !

ハヤブサ

がけの くぼみに
たまごを うみます。 51cm

クワッ クワッ

オオワシ

ロシアにいて、
ふゆに ほっかいどうへ
わたってきます。
1m2cm

にほんいち おおきな とり
つばさを ひろげると、2m20cm !

ちょうるい
うみに いる とり

ウミネコ

なきごえが ネコに にています。

47cm

さきっぽに あかと くろの もようが あります。

カモメ

ふゆに にほんに きて、うみべで えさを さがします。 45cm

くちばし ぜんたいが きいろです。

ハマシギ

すなの なかの いきものを たべます。

21cm

しろい クロサギも います。

クロサギ

かいがんで カイや さかななどを さがして たべます。

63cm

せかいには いろいろな とりが います。
どんな すがたか みてみましょう。

コウテイペンギン
1m20cm

ダチョウ
2m30cm

いちばん!
おおきい

ハシビロコウ
1m52cm

ベニイロフラミンゴ
1m40cm

いちばん!
とべる とりで
さいだい
つばさを ひろげると 3m。

1m10cm

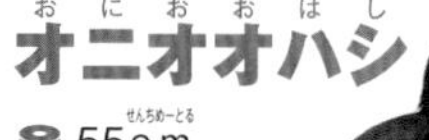

55cm

1m57cm

マメハチドリ
6cm

いちばん!
ちいさくて かるい

ヒクイドリ 1m52cm

インドクジャク 2m20cm

ヒトと くらす とり

にくや たまごを えるためや、
ペットとしても かわれている とりです。

こんちゅうって どんな いきもの？

こんちゅうは、せかいで いちばん しゅるいが おおい いきものです。
ふかい うみを のぞく いろいろな ばしょに すんでいます。

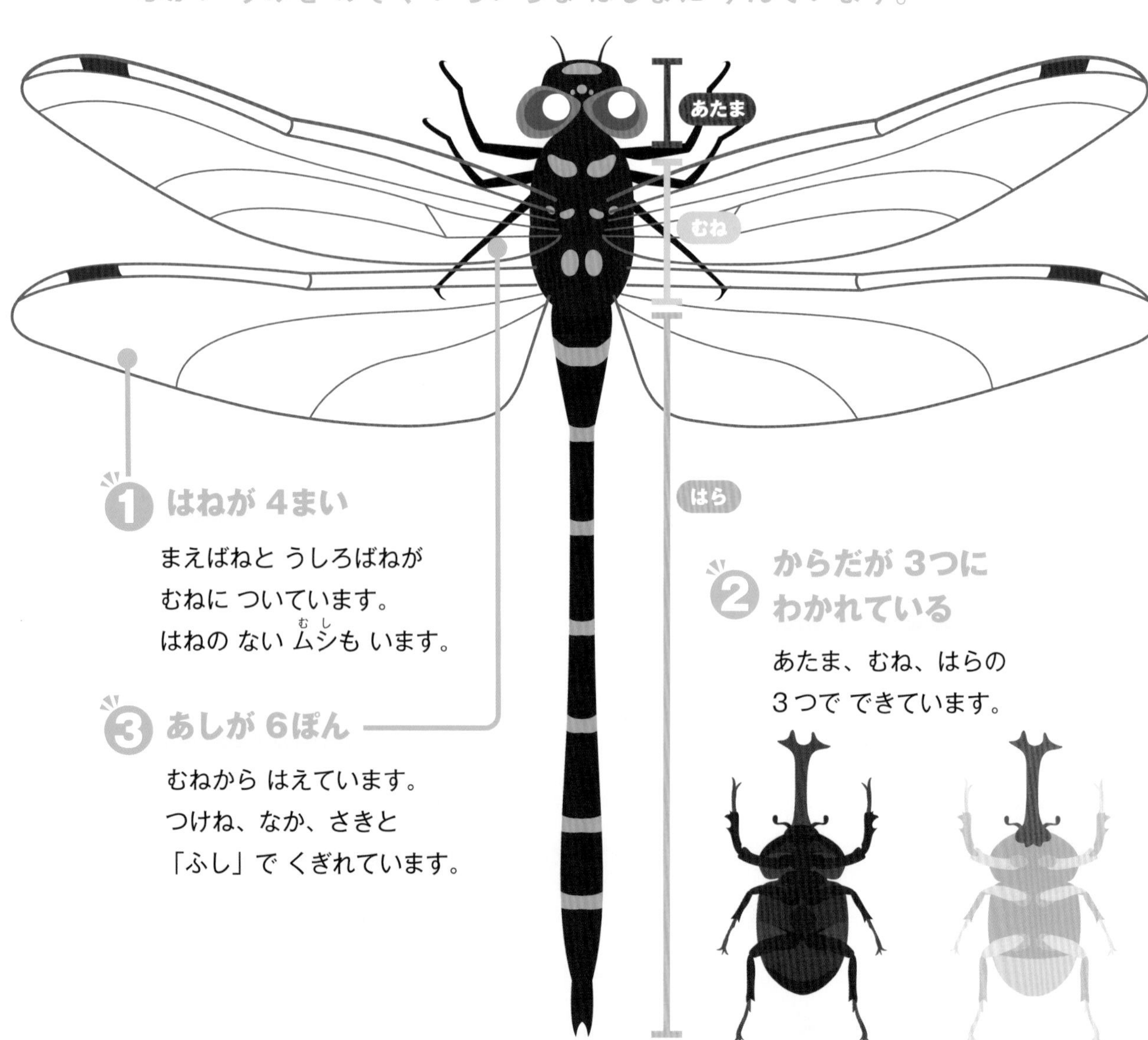

① はねが 4まい

まえばねと うしろばねが
むねに ついています。
はねの ない ムシ（むし）も います。

③ あしが 6ぽん

むねから はえています。
つけね、なか、さきと
「ふし」で くぎれています。

② からだが 3つに わかれている

あたま、むね、はらの
3つで できています。

まえあしから、うしろあしが ある
ところまでが「むね」です。

こんちゅうの そだちかた

おおくの こんちゅうは、たまごから うまれて なんどか かたちが かわりますが、かわらない ムシも います。

かんぜんへんたい 「さなぎ」に なります。

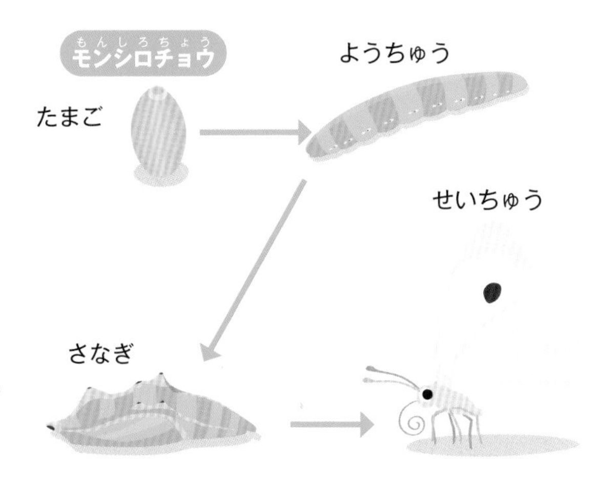

ふかんぜんへんたい 「さなぎ」に なりません。

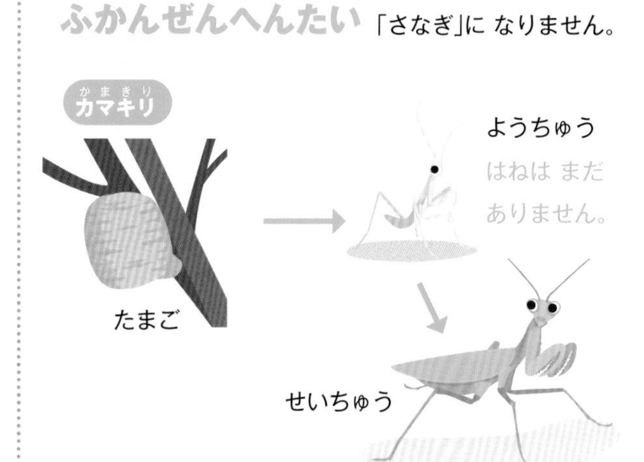

こんちゅう いがいの ムシ

クモの なかま あたまと むねが 1つに なっており、あしは 8ぽん あります。

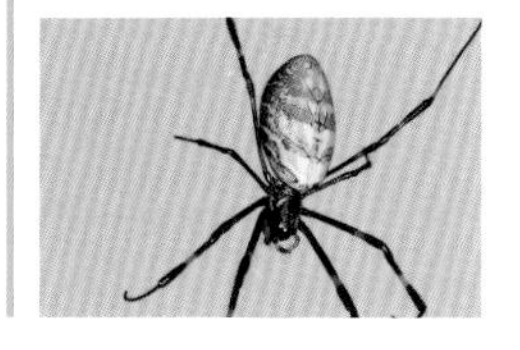

ムカデの なかま からだに たくさんの ふしが あり、あしも たくさん あります。

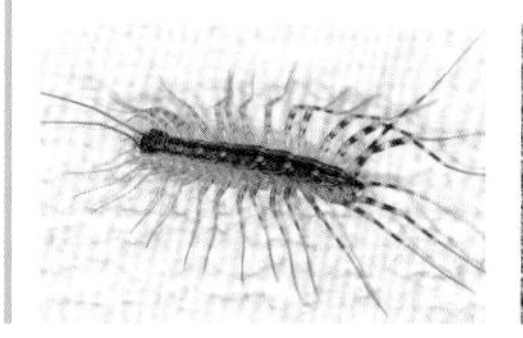

カイの なかま カタツムリや ナメクジは カイのなかまです。→86ページ

ダンゴムシの なかま からだは 14のふしで できており、あしは 14ほん あります。

カブトムシの なかま

かたい からだと、おおきな ツノが とくちょうです。

コーカサスオオカブト

とうなんアジアの もりに います。

125mm

カブトムシ

ぞうきばやしに いて、じゅえきを たべます。

55mm

おおきな ツノ

オスだけに あります。

★

かたちを かえて おおきくなる

おおくの ムシは、せいちゅうに なるまでに なんどか かたちを かえます。

[カブトムシの ばあい]

たまご

ようちゅう

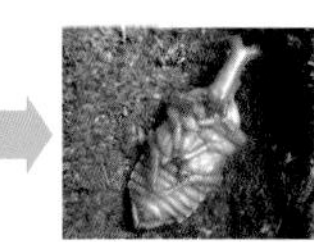

さなぎ

★

ヘラクレスオオカブト

むねに ある おおきな ツノには けが たくさん はえています。

170mm

いちばん!

せかいいち おおきい カブトムシ

おおきさ：あたまの さきから はらの さきまでの ながさ　★ ほんとうの おおきさ

いちばん！

せかいいち おもい カブトムシ

エレファスゾウカブト

からだには みじかいけが びっしりと はえています。

130mm

いちばん！

あたまの ツノが いちばん ながい

ネプチューンオオカブト

せかいで ２ばんめに おおきな カブトムシです。

160mm

いろいろな カブトムシ

ほかにも、いろいろな カブトムシがいます。

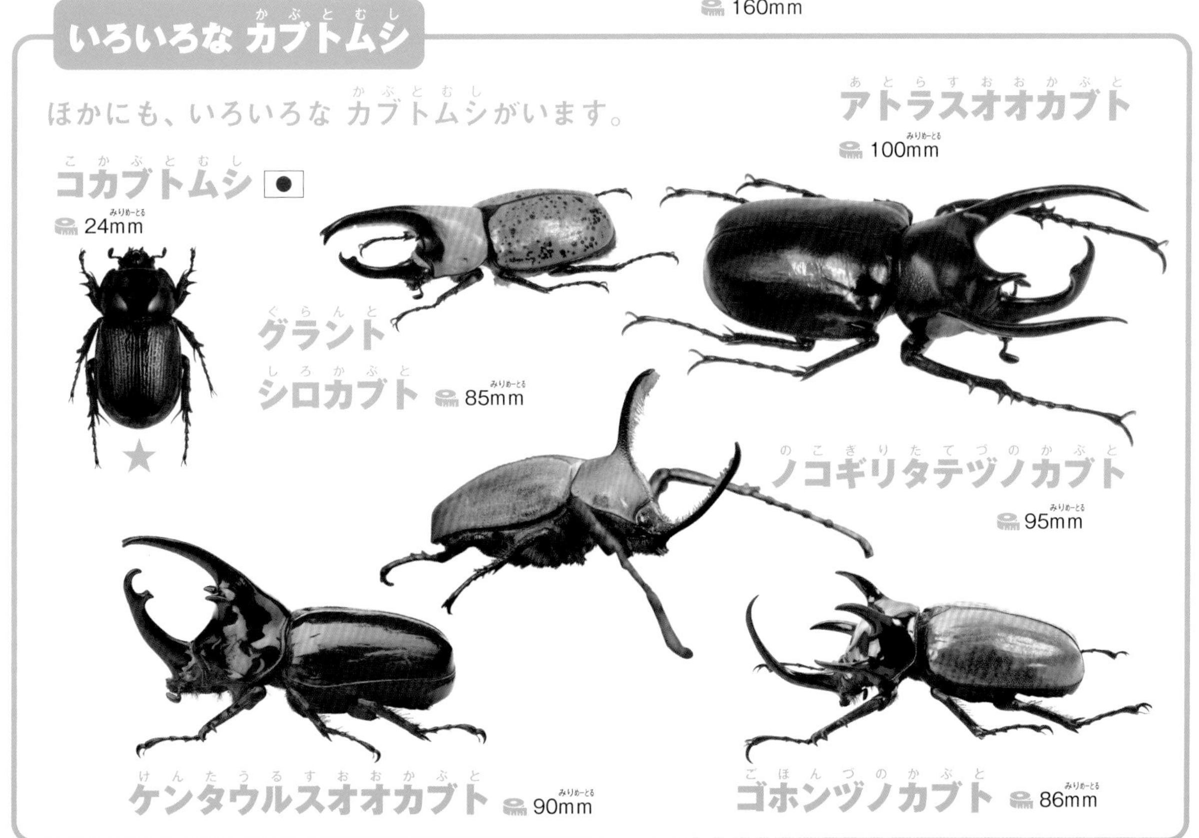

コカブトムシ

24mm

グラント シロカブト

85mm

アトラスオオカブト

100mm

ノコギリタテヅノカブト

95mm

ケンタウルスオオカブト

90mm

ゴホンヅノカブト

86mm

クワガタムシの なかま

はさみのような おおきな あごと
かたい からだが とくちょうです。

おおあご
ツノでは なく、
「あご」と よばれます。

まえばね

うしろばね

ミヤマクワガタ

ひるまも かつどうします。

73mm

オオクワガタ

おとなの ままで
ふゆを こします。

75mm

ギラファノコギリクワガタ

インドネシアの
しまに います。

118mm

せかいいち おおきい
クワガタムシ

コクワガタ

ほそい あごと、たいらな
からだが とくちょうです。

50mm

いろいろな クワガタムシ

しゅるいや おおきさで
あごの かたちが ちがいます。

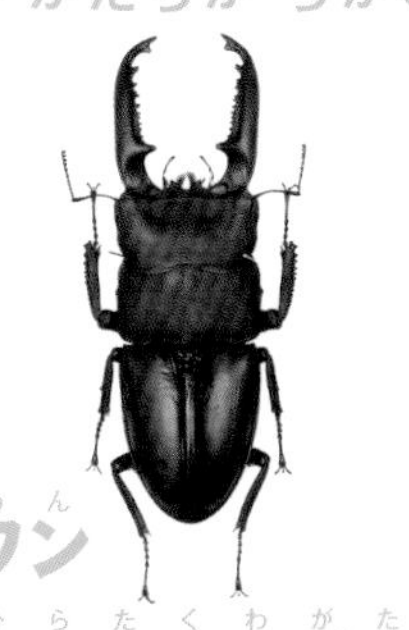

パラワン オオヒラタクワガタ
105mm

タランドゥス オオツヤクワガタ
85mm

マンディブラリス フタマタクワガタ
118mm

メンガタクワガタ
50mm

パプアキンイロクワガタ
オス 50mm　メス 25mm

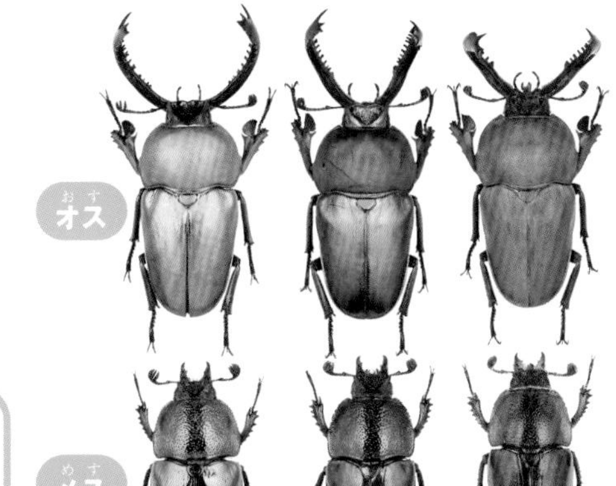

ノコギリクワガタ

あごには のこぎりのような
こまかい はが あります。
65mm

ニジイロクワガタ
60mm

コガネムシの なかま

かたい からだを もつ、とても かずが おおい グループです。

カナブン

ぞうきばやしに いて、じゅえきを たべます。

30mm

コガネムシ

きの はっぱを たべます。

20mm

コアオハナムグリ

はなに あつまって、かふんを たべます。

13 mm

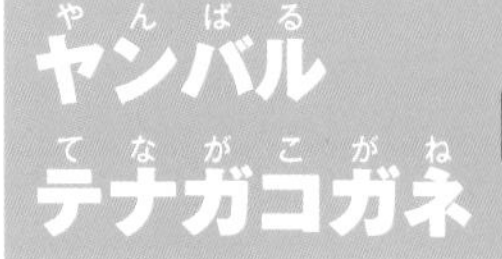

ヤンバルテナガコガネ

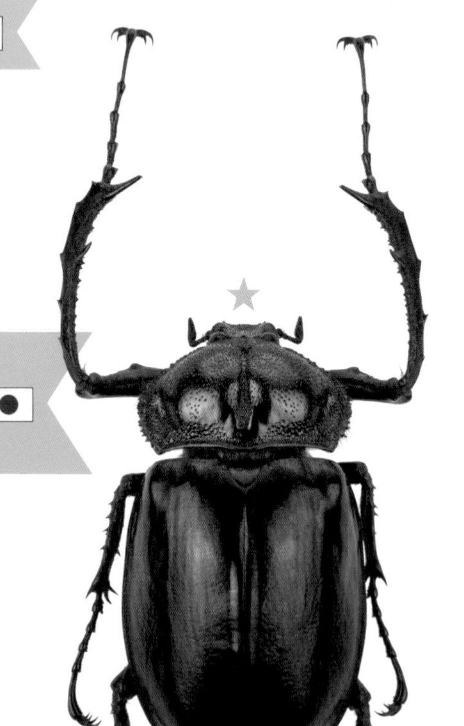

おきなわの もりに います。

60mm

いちばん!

にほんいち おおきい こうちゅう

ゴライアスオオツノハナムグリ

アフリカの もりに いて、オスには みじかい ツノが 2ほんあります。

110 mm

いちばん!

いちばん おもい こうちゅう

オオセンチコガネ

どうぶつの ふんに
あつまります。

20mm

プラチナコガネ

コスタリカの もりに
います。

25mm

シンジュアシナガコガネ

ながい うしろあしが とくちょうです。
フランスの そうげんに います。

8mm

テントウムシの なかま

まるくて ちいさい からだで、
あざやかな いろの しゅるいが います。

ナミテントウ

いろいろな いろや もようを
しています。 8mm

ナナホシテントウ

まえばねに 7つの くろい
ほしが あります。

8mm

ナナホシテントウも
ナミテントウも
アブラムシを たべます。

キイロテントウ

きいろい まえばねが
とくちょうです。

5mm

はっぱの うらの
かびを たべます。

ニジュウヤホシテントウ

ほしが 28こも あります。
ナスや ジャガイモの はっぱを たべます。

6mm

タマムシの なかま

きんぞくのような かがやく ほそながい からだが とくちょうです。

おひさまの ひかりで かがやきます。

オオルリタマムシ

とうなんアジアなどに います。

70mm

いちばん!

せかいいち おおきい タマムシ

ヤマトタマムシ

エノキなどの はっぱを たべます。

40mm

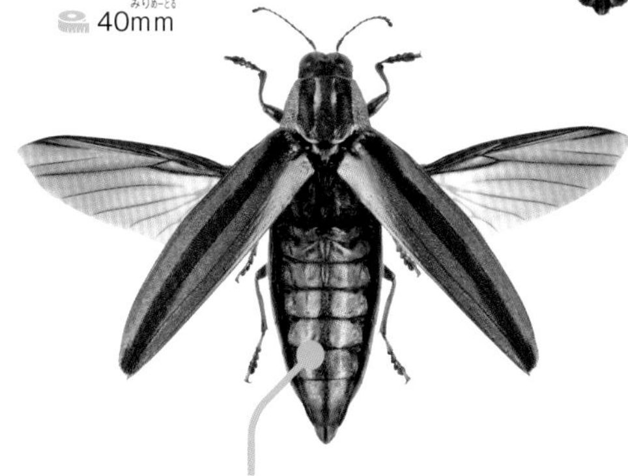

おなかも かがやいて います。

オビモンハデルリタマムシ

マレーシアの もりに います。

40mm

まえばねの まんなかに しろい おびが あります。

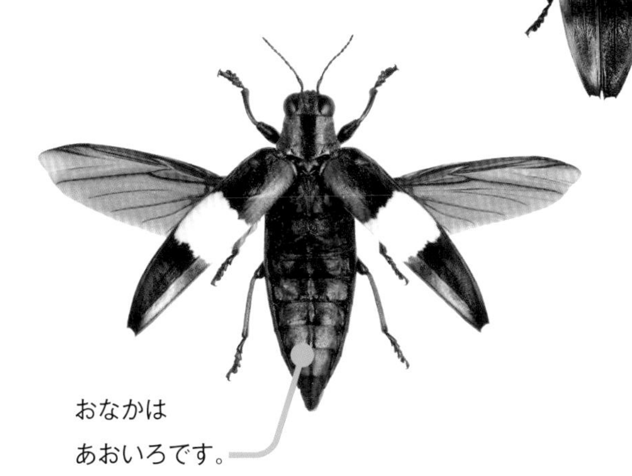

おなかは あおいろです。

キベリルリタマムシ

インドネシアにいて、きの はっぱを たべます。 55mm

カミキリムシの なかま

ながい しょっかくと、ほそながい からだの なかまです。

ゴマダラカミキリ

ミカンや ヤナギなどの きの かわを たべます。

35mm

シロスジカミキリ

クヌギなどの きの かわを たべます。

55mm

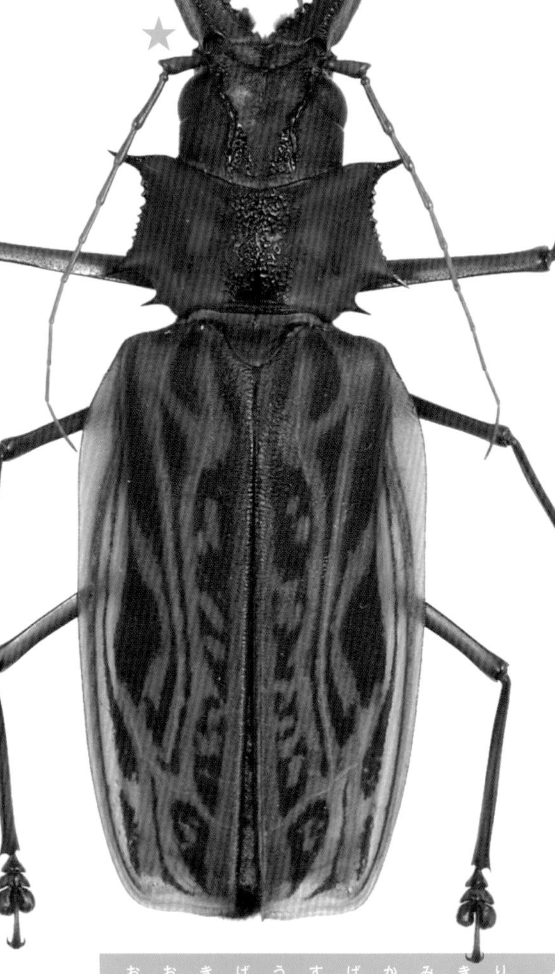

いちばん!

せかい さいだいきゅうの カミキリムシ

ルリボシカミキリ

かれて たおれた きに あつまります。

29mm

オオキバウスバカミキリ

クワガタムシのような あごを もっています。

165mm

いろいろな こうちゅう

こうちゅうは、カブトムシのように
かたい からだを もつ ムシの ことです。

クリシギゾウムシ ●
10mm

ながい
くち

ハンミョウ ●
20mm

アオオサムシ ●
33mm

ゲンジボタル 16mm

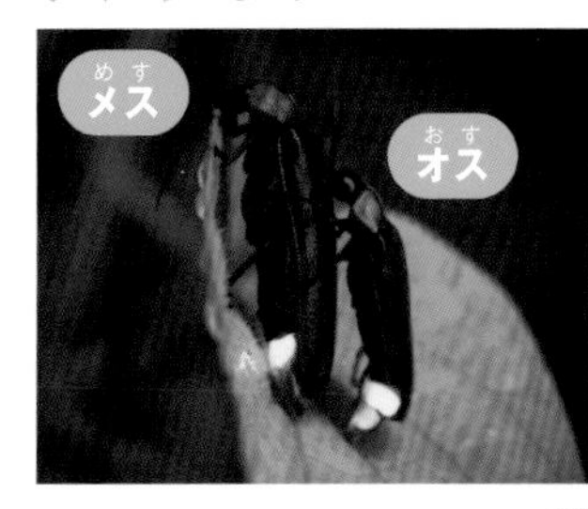

よるに なると、
おしりが
ひかります。

カタゾウムシ
15mm

いちばん!

かたい こうちゅう
ひょうほんようの はりが
ささりません。

オトシブミ ● 10mm

みずの なかで くらしています。

ゲンゴロウ ●
39mm

※「カタゾウムシ」は そうしょうで、いろいろな しゅるいが います。

カマキリ・バッタの なかま

くさむらに いて、メスの ほうが
おおきいことが おおいです。

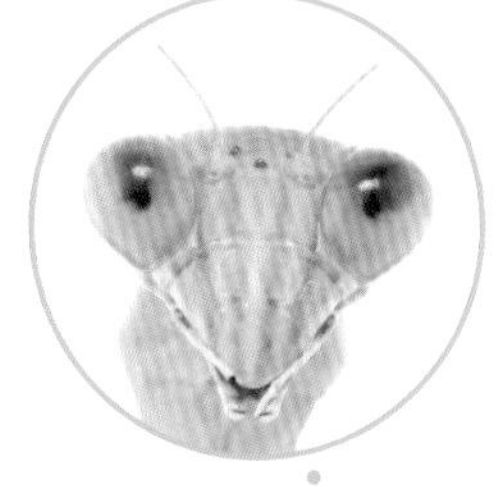

おおきな め

ちいさい めが いっぱい
あつまっています。

オオカマキリ 🇯🇵

からだの いろは、みどりか
うすい ちゃいろです。

オス 92mm　メス 105mm

ちゃいろの
カマキリも いるよ。

まえあし

「かま」のような まえあしで
えものを つかまえます。

トノサマバッタ 🇯🇵

ジャンプする ちからが
つよいです。

オス 40mm　メス 65mm

チッチッチッ

＼リィーン リィーン／

ショウリョウバッタ

オスは メスの はんぶん くらいの おおきさで オスだけが なきます。

オス 50mm　メス 80mm

キチキチキチ

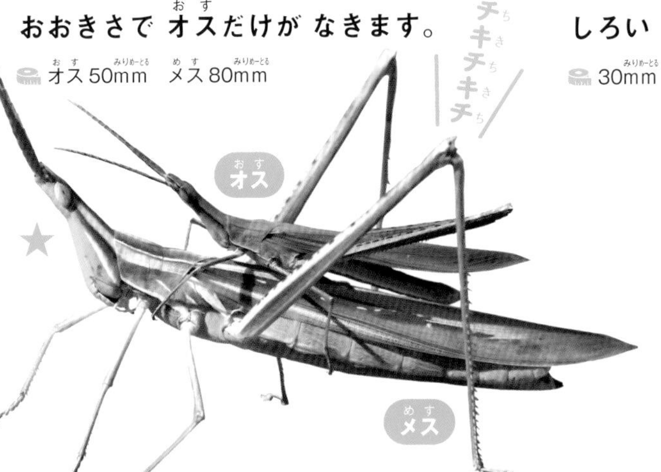

エンマコオロギ

めの うえに まゆげのような しろい もようが あります。

30mm

コロコロコロリー

ギースチョン

マツムシ

くさはらや かわらに います。

24mm

チンチロリン

キリギリス

よる よりも ひるに なきます。 40mm

クツワムシ

はやしの くさの なかに います。

36mm

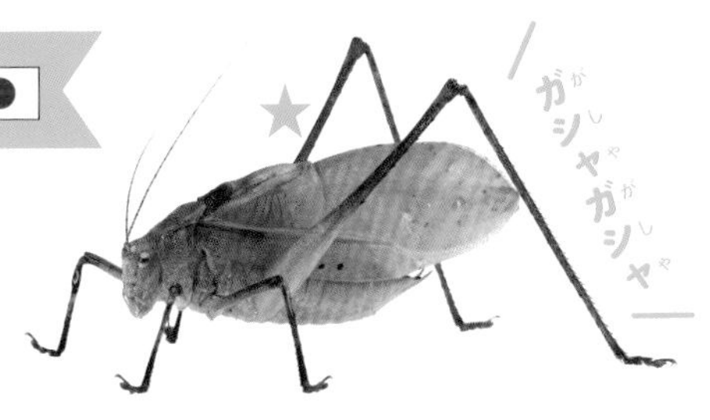

ガシャガシャ

スズムシ

まえばねを こすりあわせて おとを だします。

17mm

ケラ

ジー

つちの なかに いて、 オスが よるに なきます。 35mm

セミの なかま

つちの なかで なんねんも
すごし、おとなに なるときに
ちじょうへ でます。

「うか」って なに？

ようちゅう（こども）が せいちゅう（おとな）に
なることを「うか」といいます。

［セミの うか］

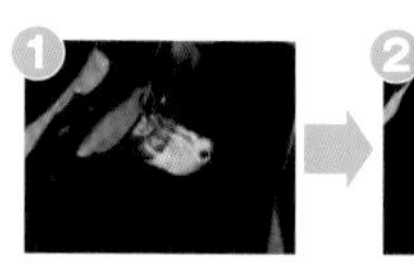

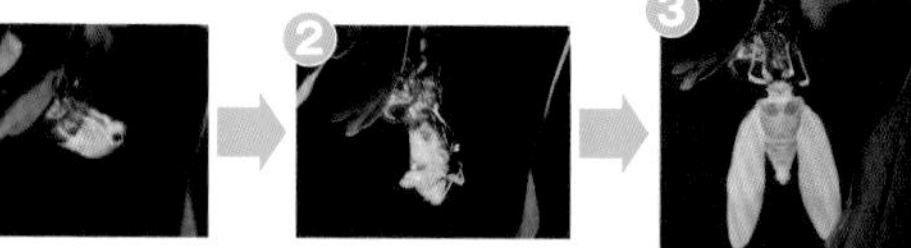

アブラゼミ

サクラや けやきの
きに おおく います。

38mm

ジージリ
ジリジリジリ

ミンミンゼミ

あさから ゆうがたまで
ないています。

36mm

シャーシャー

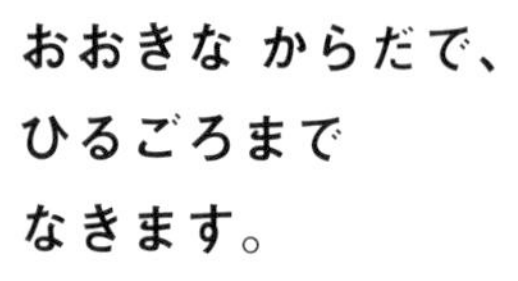

48mm

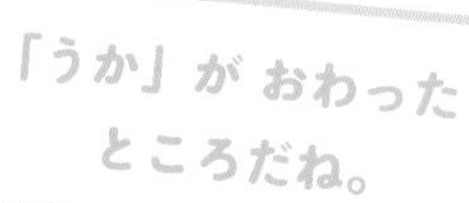

エゾゼミ

やまで よく
みられます。

43mm

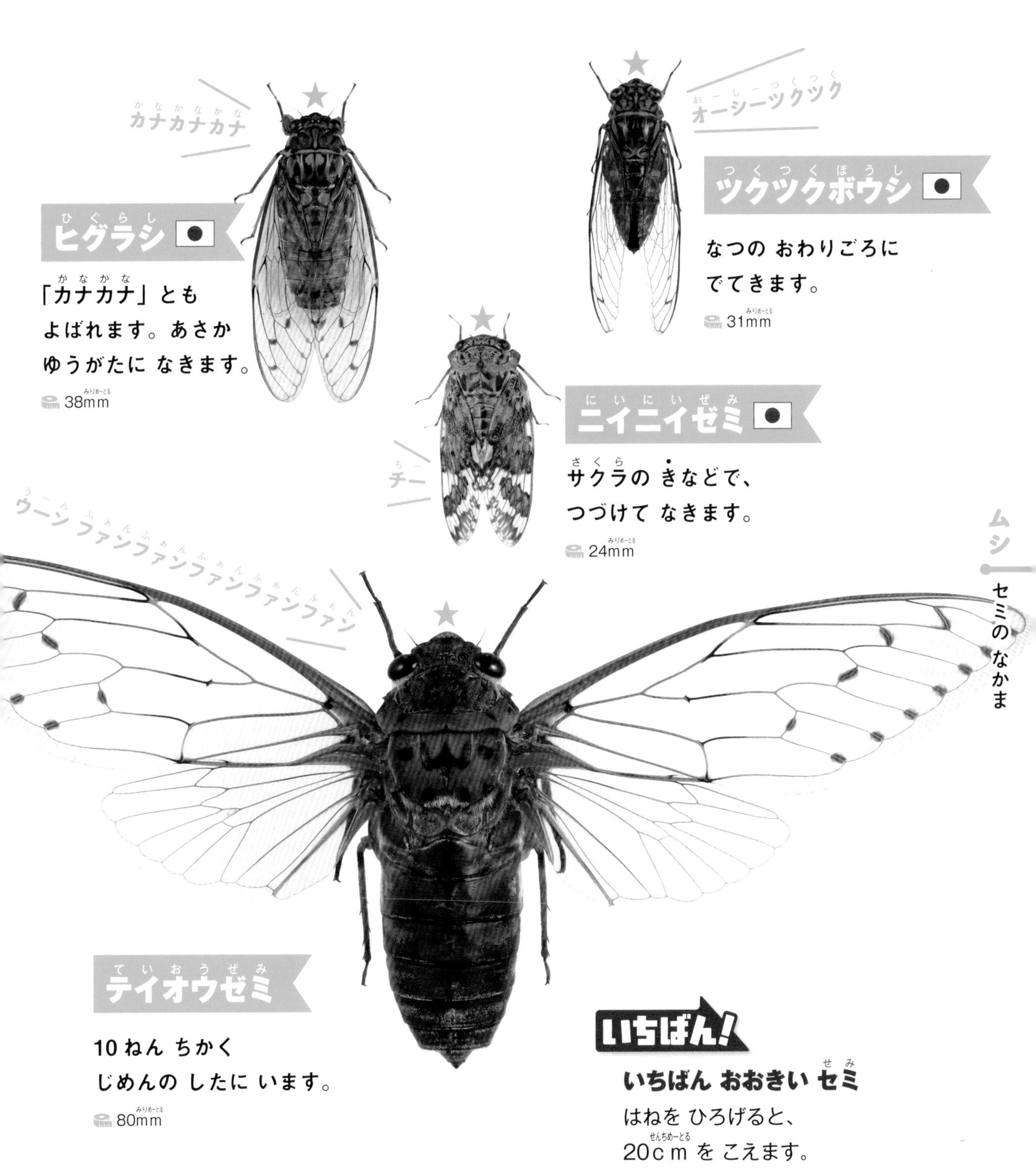

ヒグラシ

「カナカナ」とも よばれます。あさか ゆうがたに なきます。

38mm

ツクツクボウシ

なつの おわりごろに でてきます。

31mm

ニイニイゼミ

サクラの きなどで、つづけて なきます。

24mm

テイオウゼミ

10ねん ちかく じめんの したに います。

80mm

いちばん!

いちばん おおきい セミ

はねを ひろげると、20cm を こえます。

カメムシ・アメンボの なかま

カメムシは、きけんを かんじると
においを だします。

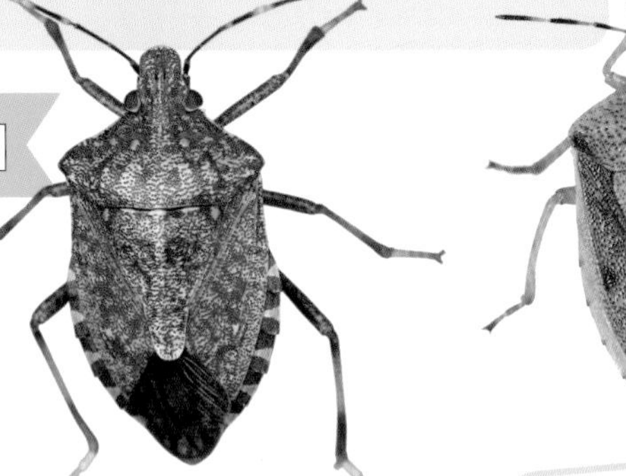

クサギカメムシ

さむい きせつに いえの
なかに はいって きます。

18mm

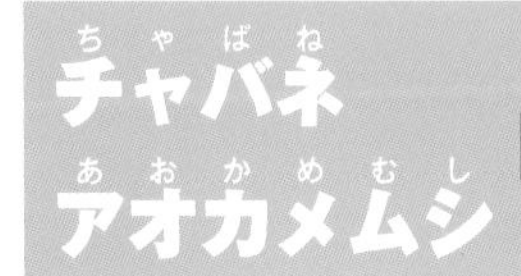

チャバネアオカメムシ

いろいろな
くだものの
しるを すいます。

12mm

はんたいから みると
かおに みえる！

ジンメンカメムシ

とうなんアジアの もりに います。

30mm

バナナムシとも
よばれるよ！

ツマグロオオヨコバイ

きけんを かんじると、
よこに いどうして
はっぱの うらに かくれます。

13mm

ようちゅうも きいろですが、
すこし とうめいです。

アメンボ

みずの うえを スイスイと
いどうします。 16mm

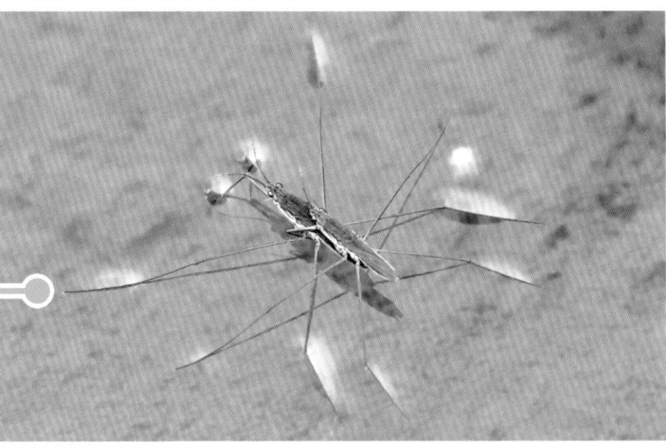

あしの **うら**

こまかい けと あぶらで
みずを はじきます。

チョウ・ガの なかま

チョウも ガも おなじ なかまです。
ようちゅうは イモムシや ケムシです。

くち ふだんは まかれていて、みつを すうときに ストロー みたいに のばします。

アゲハ

ようちゅうは ミカンの はっぱを たべて そだちます。 40 ~ 60mm

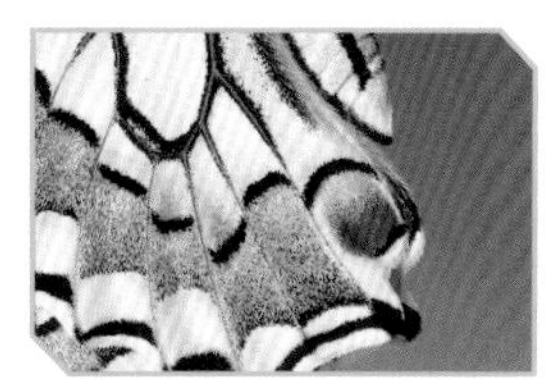

はね はねには「りんぷん」という こなが ついています。

キアゲハ

ようちゅうは にんじんや セリの はっぱを たべて そだちます。

40 ~ 65mm

アオスジアゲハ

ようちゅうは くすのきの はっぱを たべて そだちます。

55mm

「しあわせの あおい チョウ」と よばれます。

オオルリアゲハ

オーストラリアを だいひょうする チョウです。

60mm

ゴライアストリバネアゲハ

インドネシアの もりに います。

オス 90mm　メス 110mm

いちばん!

せかいいち
おおきな はね

オス

メス

メスの はねは
くろい もようです。

オオムラサキ

せいちゅうは クヌギなどの
きの じゅえきを
すいます。

60mm

レテノールモルフォ

みなみアメリカに いる、
あざやかな チョウです。 85mm

モンシロチョウ

ようちゅうは キャベツを
たべて おおきくなります。

30mm

ヤマトシジミ

たはたや、いえの
ちかくに とんできます。

13mm

オオミズアオ

ぶらさがるように
とまります。

75mm

ヨナグニサン

よなぐにじまや
いりおもてじまに
います。125mm

クロアゲハ

オスは くろい はねで、メスは
すこし うすいです。50 ～ 70mm

オオスカシバ

ひるまに
とびまわります。

30mm

いちばん！

にほんいち
おおきな ガ

トンボの なかま

みずばの ちかくに いて、めが
おおきいのが とくちょうです。

オニヤンマ

おがわに そって、まっすぐ
とぶことが おおいです。

100mm

いちばん!

にほんで いちばん
おおきな トンボ

いちばん!

はねを ひろげると
せかい さいだいきゅう!

ハビロイトトンボ

とても ながい からだで、
くもなどを たべます。

100mm

シオカラトンボ

こうえんの いけなどで
よく みられます。

55mm

アキアカネ

なつは やまで すごして、
あきに なると やまから
おりてきます。

45mm

おおきさ：あたまの さきから はらの さきまでの ながさ

いろいろな トンボ
トンボには、ヤンマ、イトトンボなど、
いくつかの しゅるいが あります。
ギンヤンマ 84mm
チョウトンボ 42mm
ハッチョウトンボ 21mm
オス
メス
いちばん!
にほんいち ちいさい トンボ
キイトトンボ 48mm
ハグロトンボ 68mm

ハチ・アリの なかま

じょおうを ちゅうしんに すを つくり、しゅうだんで せいかつします。

セイヨウミツバチ

はなの みつを あつめて、はちみつを つくります。

はたらきばち：13mm

かふん だんご

みつを あつめると、あしに かふんが つきます。

メスには どくばりが あります。

いちばん！

にほんいち おおきな ハチ

オオスズメバチ

ムシを つかまえて、にくだんごを つくり、ようちゅうに あたえます。

はたらきばち：37mm

クロオオアリ

はたらきありは ちいさいものから おおきなものまで います。

はたらきあり：7～13mm

つよい あご

じぶんより おおきな えさを はこべます。

ハエ・カの なかま

ハエや カは、いえの なかでも みかける ムシです。

ヒトスジシマカ

ひるま かつどうし、ヒトの ちを すいます。

5mm

イエバエ

ごみや ふんの ちかくで せいちょうします。

8mm

ナミハナアブ

ハチに にていますが、ハエの なかまです。 16mm

クモ・サソリの なかま

クモには あみを つくるものと、つくらないものが います。サソリは おなかの さきに どくばりを もっています。

オオツチグモ（タランチュラ）

たくさんの しゅるいが います。つちの なかなどに すみます。

200mm（あしを ひろげた おおきさ）

ダイオウサソリ

せかい さいだいきゅうの さそりです。

180mm

どくばり

ジョロウグモ

おしりから だした いとで あみを つくり、ムシを つかまえます。

オス 13mm　メス 30mm

マミジロハエトリ

くさむらなどに いて、よく ジャンプ します。

8mm

そのほかの いきもの

ムシでは ありませんが、ムシのように みぢかな いきものです。

きけんが あると、からだを まるめます。

オカダンゴムシ

14mm

トビズムカデ

150mm

どくの キバが あります。

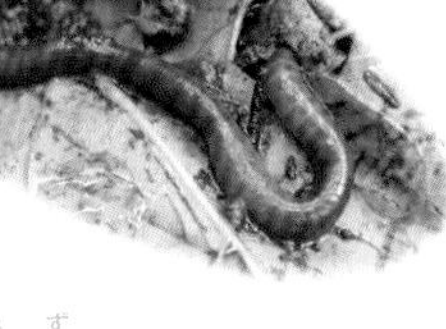

シマミミズ

130mm

さかなって どんな いきもの？

うみや かわ、いけ、みずうみなど、みずの なかで いっしょうを すごします。
エラで いきを して、ひれを つかって およぎます。

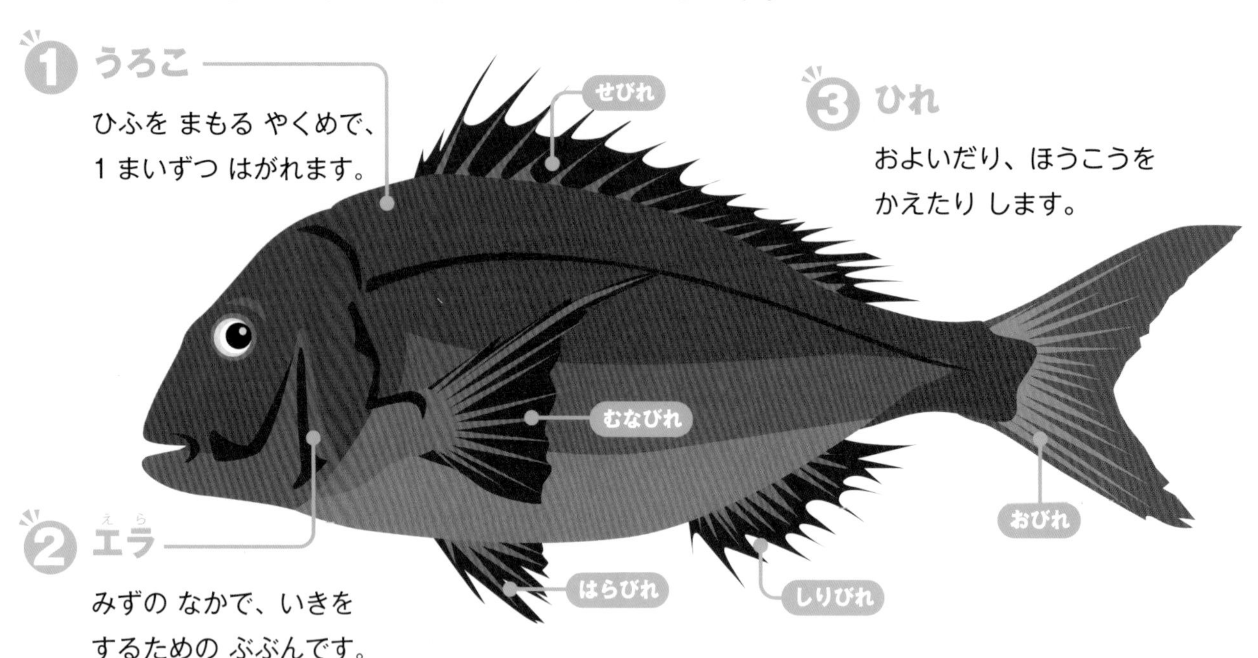

① うろこ

ひふを まもる やくめで、
1 まいずつ はがれます。

② エラ

みずの なかで、いきを
するための ぶぶんです。

③ ひれ

およいだり、ほうこうを
かえたり します。

みずの なかで いきを する しくみ

のみこんだ みずが エラを
とおるときに、こきゅうに
ひつような さんそを からだの
なかに とりこみます。

さかなの そだちかた

たまごから うまれます。
せいちょうすると なまえが
かわる さかなも います。

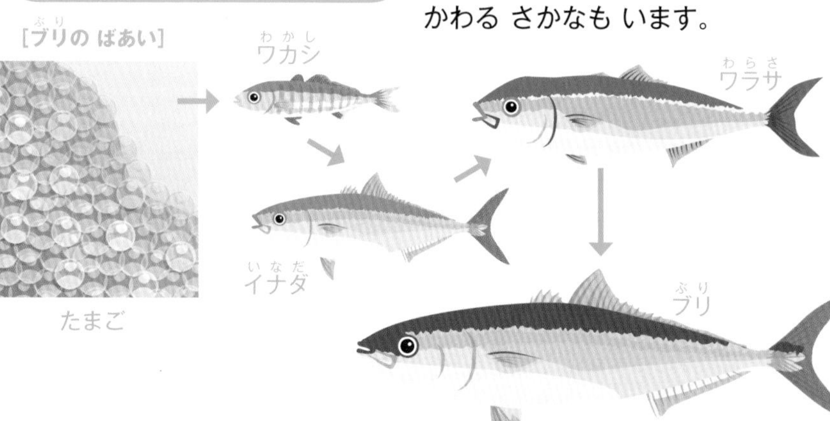

ねむる ときは どうする？

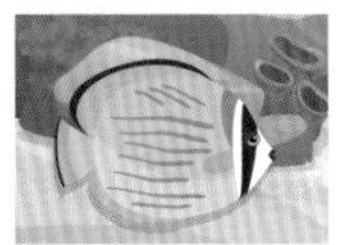

およぎながら ねる、すなに
もぐる、いわに かくれるなど、
さかなに よって ちがいます。

みずの なかは さむくない？

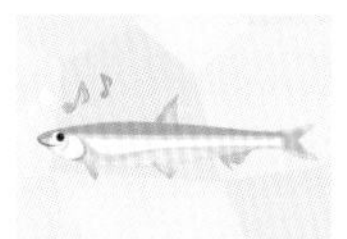

さかなにも すきな おんどが あります。
あつい、さむい（つめたい）も
わかります。

さかな いがいに みずの なかに いる いきものは？

せっそくどうぶつ

エビや カニの なかま

クルマエビ

イソガニ

ズワイガニ

なんたいどうぶつ

タコや イカの なかま

ミズダコ

マダコ

ホタルイカ

スルメイカ

そのほかの みずの なかの いきもの

エチゼンクラゲ

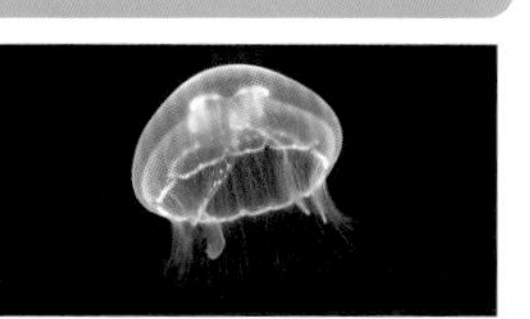

ミズクラゲ

アカサンゴ

ウメボシイソギンチャク

アカヒトデ

ムラサキウニ

カイの なかま

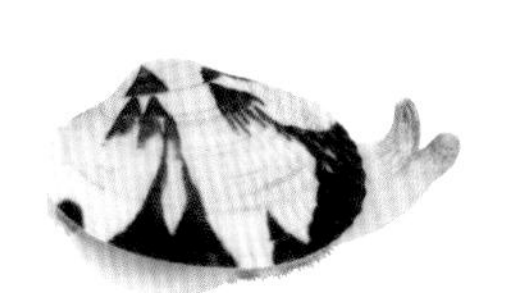

アサリ

ホタテガイ

サザエ

アオウミウシ

ハダカカメガイ

うみの さかな

うみには たくさんの さかなが いて、
おおきさも さまざまです。

クロマグロ

とても おおきな さかなで、
えさを まるのみに
します。

3m

おおトロの
にぎりずし

カツオ

おなかに しまもようが
あります。

1m20cm

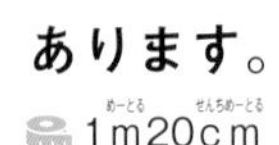

かつおぶし

トビウオ

おおきな むなびれと はらびれを
ひろげて、みずの うえを とびます。

35cm

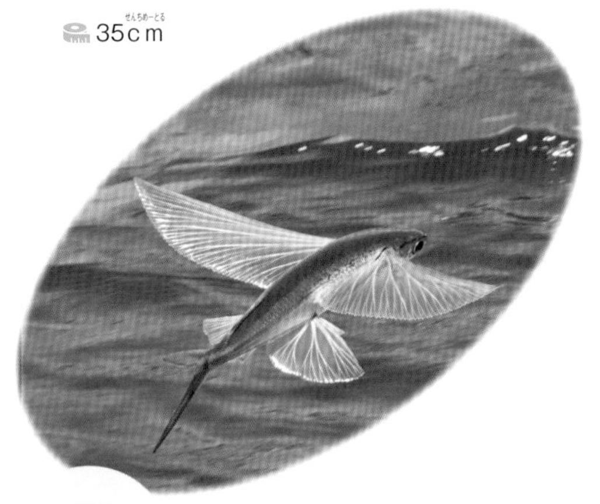

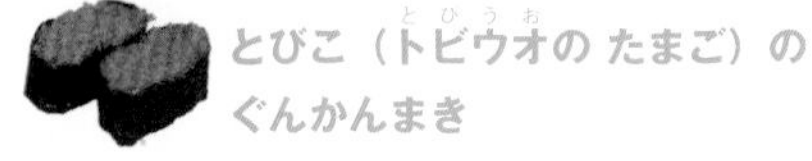

とびこ（トビウオの たまご）の
ぐんかんまき

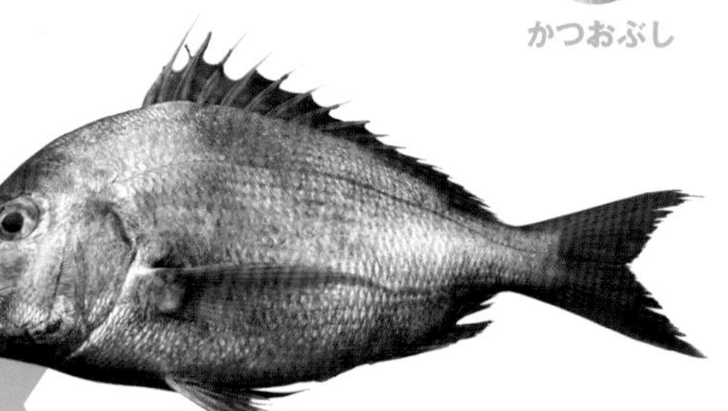

マダイ

めでたい さかなとして
おいわいに つかわれます。

1m

タイの おかしらつき

スケトウダラ

たらこ

タラの なかまは、
せびれが 3つ あります。

80cm

サンマ

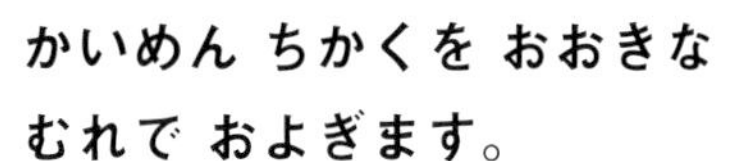

かいめん ちかくを おおきな
むれで およぎます。

サンマの しおやき

40cm

マイワシ

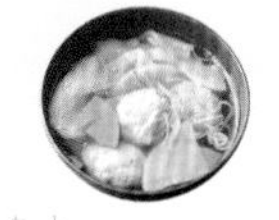
イワシの つみれじる

からだに ほしの
ような くろい てんが あり、
「ななつぼし」と よばれます。

30cm

マサバ

サバの みそに

せなかに くろい
もようが あります。 50cm

マガレイ

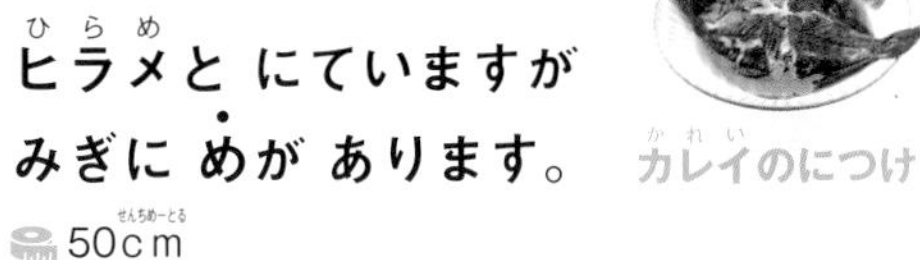

ヒラメと にていますが
みぎに めが あります。

カレイのにつけ

50cm

ヒラメ

めが、からだの
ひだりに よっています。

ヒラメの ムニエル

80cm

バショウカジキ

おおきな せびれと、
ほそながい はらびれが
とくちょうです。

3m

いちばん！

はやく およぐ

みずの なかで
じそく 109km。

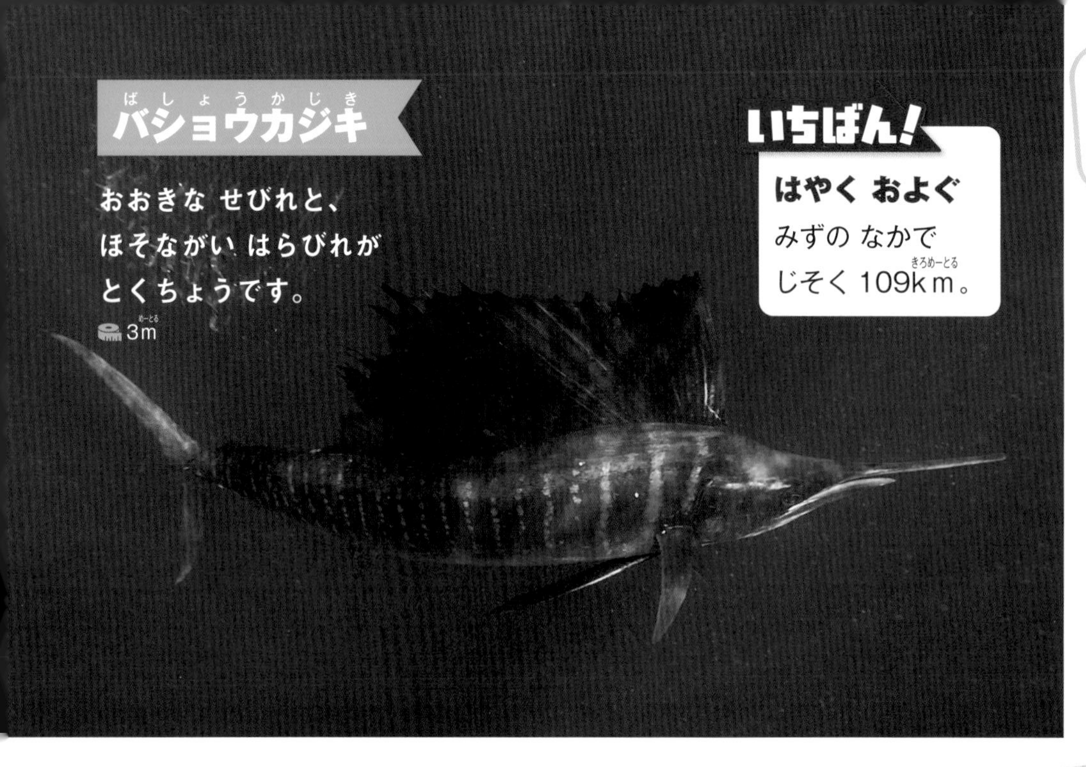

こどもの ときは
「セイゴ」と
よばれるよ！

メガネモチノウオ

メスとして うまれ、おおきな
からだの ものが オスに なります。

2m

べつめい
「ナポレオンフィッシュ」！

トラフグ

とても つよい
どくが あります。

70cm

フグの さしみ
「てっさ」

スズキの さしみ

スズキ

わんないや かこうの
ちかくに います。

1m

ウツボ

きしの ちかくの
いわばに かくれて、
さかなや タコ
などを ねらいます。

80cm

タツノオトシゴ

いわばの ちかくに いて、
オスが こそだて します。

10cm

チョウチョウウオ

ちいさな くちで うみの
そこの いきものを たべます。

20cm

ツノダシ

せびれの
いちぶが のびて、
つののように
なっています。

25cm

カクレクマノミ

イソギンチャクに
かくれて すんでいます。

9cm

ほかの さかなは
イソギンチャクに
たべられちゃうよ!

マンボウ

ときどき かいめんに
よこたわっています。

3m30cm

いちばん!

たくさん たまごを うむ

すうせんまんから すうおくこの
たまごを もっています。

チンアナゴ

すなに もぐり、
からだを はんぶん
だして、えさを
とります。

40cm

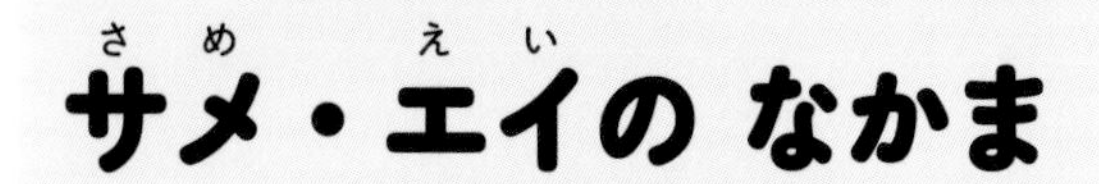

サメ・エイの なかま

ほかの さかなより ほねが
やわらかいのが とくちょうです。

ホホジロザメ

こうげきてきな サメで、
するどい はを もっています。

8m

オニイトマキエイ

「マンタ」とも
よばれます。

およぎながら
プランクトンを
たべます。

5m

シュモクザメ

あたまが かなづちの ような
かたちを しています。

4m

サメの は は、
なんどでも はえてきます。

ジンベエザメ

**うみの うえの ほうを
ゆったりと およぎます。**

18m

いちばん!

おおきな さかな
2かいだてバスと
おなじくらいです。

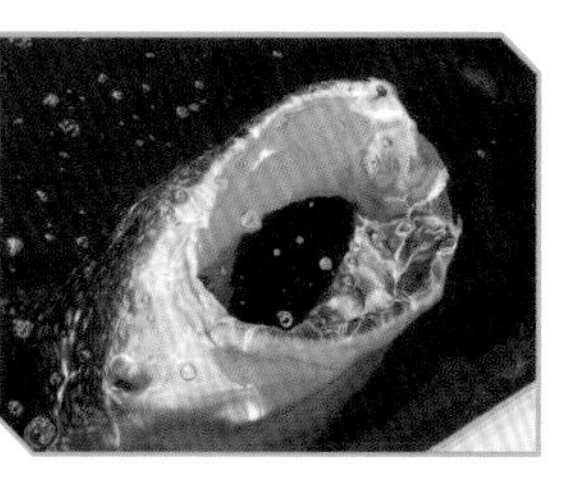

とても
ちいさな
プランクトンを
たべます。

ノコギリザメ

**うみの そこに いて、
えものを とらえます。**

1m50cm

あたまの さきが のびて、
トゲが でています。

アカエイ

**しっぽに トゲがあり、
どくを もっています。**

1m20cm

ふかい うみの いきもの

200m(めーとる) より ふかく、まっくらな
うみにも いきものが います。

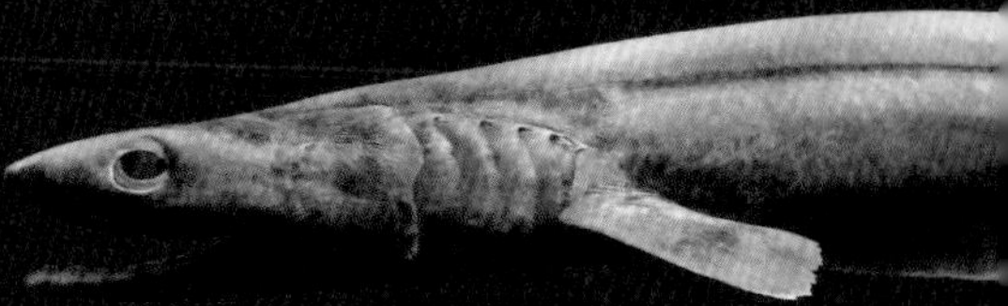

画像提供：沼津港深海水族館

ラブカ(らぶか)

おなかの なかで たまごを
かえして、こどもを うみます。

2m(めーとる)

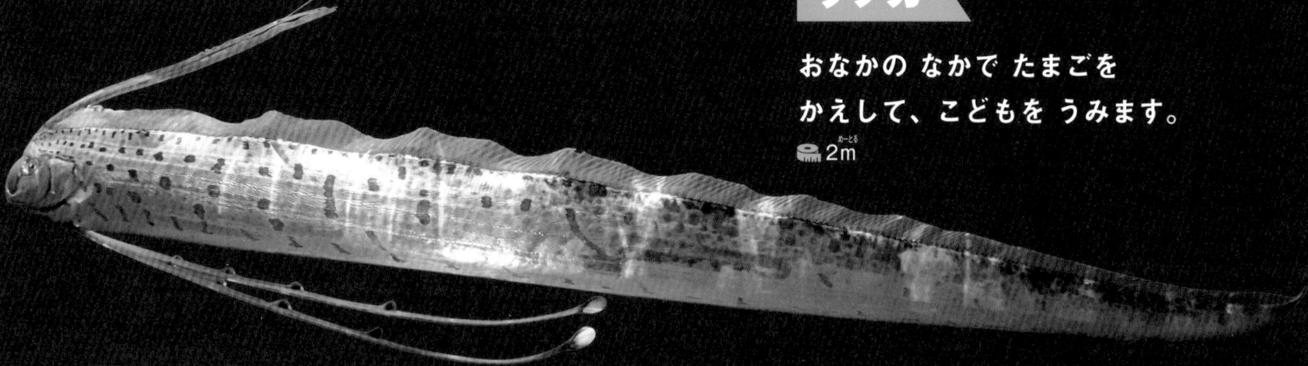

リュウグウノツカイ(りゅうぐうのつかい)

ほそながい からだと、
あかい せびれが とくちょうです。

6m(めーとる)80cm(せんちめーとる)

ダイオウイカ(だいおういか)

いきた すがたを みることは
めったに ありません。

6m(めーとる)　画像提供：Dive Resort T-style

いちばん!
いちばん
おおきい イカ(いか)

マッコウクジラ(まっこうくじら)と
たたかうことが あります。

おおむかしから いる サメで
「いきた かせき」と よばれているよ。

オウムガイ

かいがらが ありますが、
イカの なかまです。

25cm （カラの おおきさ）

画像提供：沼津港深海水族館

メンダコ

まっくらな うみの
そこに いて、
すみを はきません。

25cm

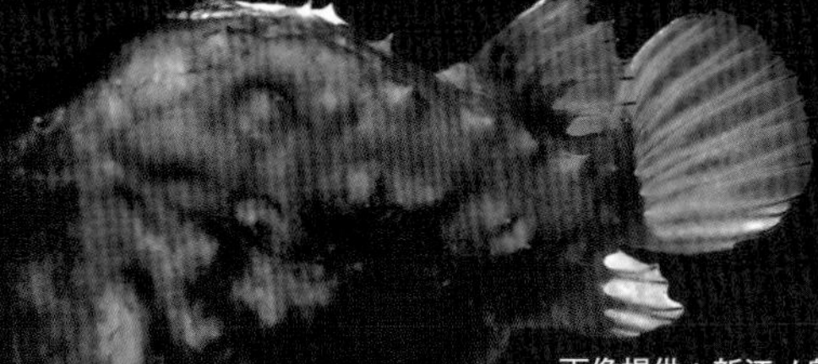

画像提供：新江ノ島水族館

チョウチンアンコウ

オスと メスの おおきさが
きょくたんに ちがいます。

オス：4cm メス：60cm

ダイオウグソクムシ

うみのそこに すんで、
いきものの しがいを たべます。

40cm

タカアシガニ

ほそながい あしで、
まえにも あるけます。

あしを ひろげると 3m

いちばん！
いちばん
おおきい カニ

かわや いけの いきもの

かわや いけ、みずうみにいる いきものです。

ニシキゴイも コイの なかまです。

こいこく

コイ

ながれの ゆるやかな かわや いけに います。

1m

ヤマメ

サケの なかまですが、うみに いかない しゅるいです。

75cm

ヤマメの しおやき

アユ

かわぞこや いわの もを けずり とるように たべます。 30cm

アユの しおやき

ドジョウ

エラのほか、ちょうでも いきを します。

20cm

どじょうなべ

ナマズ

どろや すなの たまった そこの ほうに います。

60cm

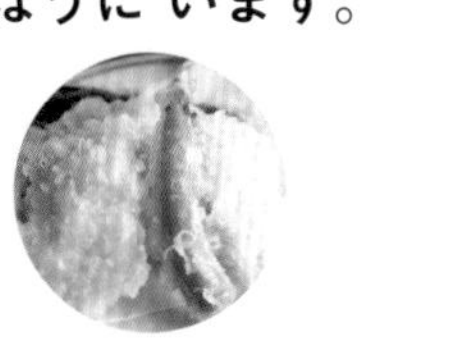

ナマズの てんぷら

かわと うみを いききする さかな

かわと うみ、りょうほうで みかける さかなも います。

●うみと かわの さかいめ あたりに いる

ボラ 80cm

〈ボラが いる ところ〉

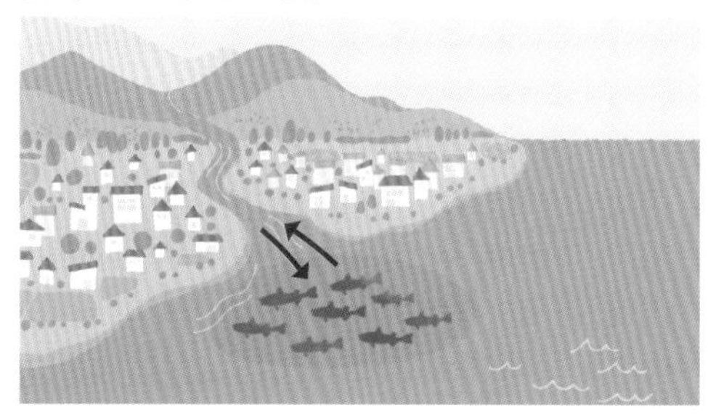

●かわで うまれて、うみで そだち、また うまれた かわに もどる

シロザケ 1m10cm

〈シロザケ、マスノスケが いる ところ〉

マスノスケ（キングサーモン） 1m40cm

いちばん！

サケの なかまで さいだい

●うみで うまれて、にほんへ くる

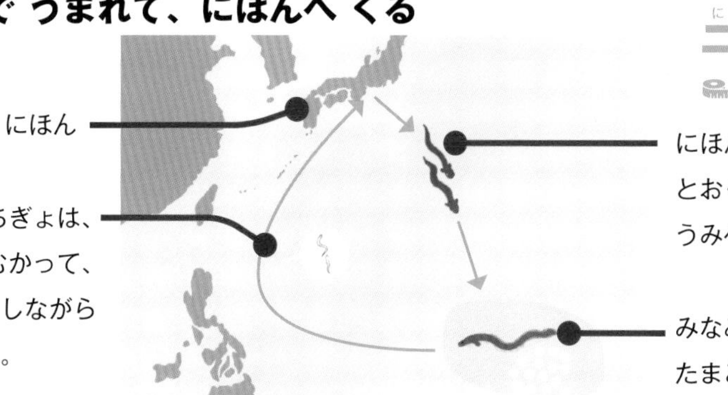

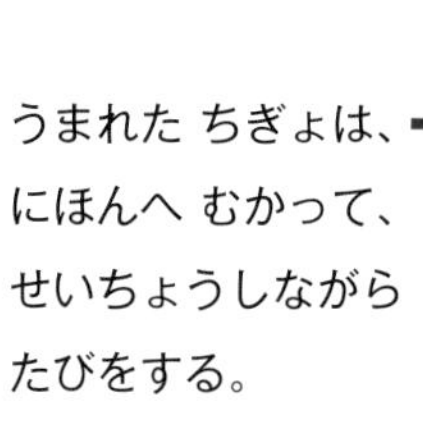

ニホンウナギ 60cm

エビ・カニの なかま

カラを もち「こうかくるい」と
よばれます。

イセエビ

35cm

かたい カラで
おおわれており、
うみの いわばに います。

マヨネーズやき

エビフライ

クルマエビ

ひるは すなに もぐっていて、
よる かつどうします。 30cm

ニホンザリガニ

きたにほんの きれいな
かわなどに います。

7cm

イソガニ

いわの おおい うみべや
テトラポッドに います。

こうらが 3cm2mm

ホンヤドカリ

かいの カラを
じぶんの いえに します。

こうらが 1cm

ズワイガニ

こうらが 14cm

にほんで もっとも
よく たべられている
カニです。

カニの さしみ

タコ・イカの なかま

あたまから あしが でており、
「とうそくるい」と よばれます。

ミズダコ

300cm

つめたい みずが すきで、
カニや さかななどを
たべます。

いちばん！

**さいだいきゅうの
タコ**

タコのからあげ

ヒョウモンダコ

あたたかい うみに いて、
つよい どくを もっています。

12cm

マダコ

60cm

なわばりを もち、
よるに こうどうします。

たこやき

ホタルイカ

おきづけ

きけんを かんじると
からだが ひかります。

12cm

スルメイカ

しょくざいとして、いろいろな
りょうりに つかわれます。

40cm

さきいか

カイの なかま

かいがらが ないもの、
りくじょうに いるものも います。

アコヤガイ

かいがらの なかで、
しんじゅを つくります。

7cm

しんじゅの ゆびわ

えさを とったり、
いきを したり する
くだです。

アサリ

4cm

アサリの みそしる

かいがらが 2まい あり、
すなの なかに います。

ホタテガイ

18cm

おおきな かいばしらが
にんきの しょくざいです。

ホタテの バターやき

サザエ

8cm

なみの あらい
いそに いて、
かいそうを
たべます。

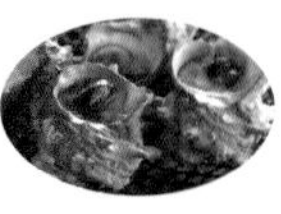
つぼやき

ハダカカメガイ

かいがらは なく、
およぎながら
えさを とります。

3cm

「クリオネ」とも
いうね！

アオウミウシ

あかい はなびら みたいな
ところは エラです。

4cm

ウデフリツノザヤウミウシ

エラ

せなかの くろい はなびら
みたいな ところが エラです。

6cm

「ピカチュウウミウシ」
と よばれるよ！

りくに いる カイの なかま

サザエと おなじ「まきがい」の なかまです。エラで いきを する
まきがいと ちがい、はいで いきを します。

ナメクジ

たくさんいる しゅるいの
そうしょうです。
はっぱを たべます。

4cm

カタツムリ

きけんな ときは、カラの なかに かくれます。

5cm

おおきさ：カラの おおきさ または ぜんたいの ながさ

そのほかの いきもの

ほかにも、うみには いろいろな
いきものが います。

ミズクラゲ

きしの ちかくで
みられます。
よわい どくを
もっています。

30cm（かさの ちょっけい）

エチゼンクラゲ

ぎょぎょうの あみに
かかる ことが あります。

100cm（かさの ちょっけい）

さいだいきゅうの クラゲ

アカサンゴ

「サンゴちゅう」という
ちいさな いきものの あつまりです。

100cm

ウメボシイソギンチャク

いわに ついて、ながれてくる えさを たべます。

4cm

アカヒトデ

かいがん ちかくの
うみに います。

10cm（うでを のばした おおきさ）

ムラサキウニ

かいがん ちかくの
いわばで　かいそうを
たべます。 5cm

おおむかしの いきもの

なんおくねんも むかしから いきのこっている いきものです。

シーラカンス

きょうりゅうよりも
むかしから いる さかなです。

1m80cm

カブトガニ

ひがたや うみの そこに いて、
カイなどを たべています。

30cm(しっぽを のぞいた おおきさ)

はちゅうるいって どんな いきもの？

からだが うろこで おおわれ、 カラを もった たまごを うみます。

1 うろこで おおわれている

カメの こうらは うろこでは なく、
ほねが へんけいした ものです。

2 たまごを うむ

かたちは まるや
ほそながいものなど
さまざまです。

3 あしが 4 ほん

カメは あしが ひれに なっています。
ヘビのように あしの ない しゅるいも います。

はちゅうるいの そだちかた

[アオウミガメの ばあい]

たまご → あかちゃん → おとな

はちゅうるいの なかま

トカゲ

カメ

ヘビ

ワニ

トカゲ・ヤモリの なかま

ぜんしんに かたい うろこがあり、
４ほんあしで すばやく うごきます。

ニホンヤモリ

いえの まわりで、あかりに
あつまる ムシを たべます。

14cm

ガラスにも はりつきます。

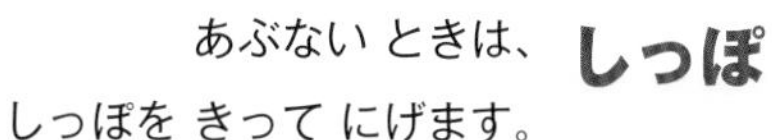

あぶない ときは、**しっぽ**
しっぽを きって にげます。

ニホントカゲ

ひあたりの よい くらむらや
いえの にわに います。

27cm

エリマキトカゲ

くびの えりまきを ひろげて いかくします。

90cm

オスどうしで たたかうことも
あります。

コモドオオトカゲ

インドネシアの しまに います。
どくを もっています。

3m10cm

いちばん！

**いちばん おおきな
トカゲ**

ブタや シカを たべる
ことが あります。

イグアナ・カメレオン・ワニの なかま

あたたかい ばしょが すきで、ひなたぼっこを するものも います。

エボシカメレオン

あたまの かぶとが とくちょう。
ペットとしても かわれています。

60cm

しゅういに あわせて
からだの いろを かえます。

ウミイグアナ

ガラパゴスとうの うみの
ちかくに います。

1m50cm

もぐるのが とくいで、
かいそうや カニを
たべます。

グリーンイグアナ

きのぼりも およぎも
じょうずです。 2m

いちばん おおきな ワニ

これまでの さいだいは、
7m いじょう ありました。

しっぽ

みずの なかから ジャンプするほど
きょうりょくです。

イリエワニ

うみを とおくまで およいで、
さかなや どうぶつを たべます。

7m

ヘビの なかま

てあしが なく、からだを くねらせて いどうします。どくを もつ ものも います。

にほんに いる ヘビで いちばん おおきい！

キングコブラ

どくヘビです。うんだ たまごを まもる しゅうせいが あります。

5m50cm

したべろ

だしいれして においを かんじとります。

キバ かみついて、どくを ながしこみます。

アオダイショウ

きのぼりが じょうずで、どくは ありません。

2m20cm

ニホンマムシ

にほんに 3しゅるい いる どくヘビの 1つです。

65cm

アミメニシキヘビ

10m

100こ ちかい たまごを うむことが あります。

いちばん おおきな ヘビ

10m ちかくに なり、ヒトが たべられてしまう こともあります。

カメの なかま

かたい こうらで みを まもります。
きょうりゅうの じだいから いました。

ガラパゴスゾウガメ

りくに すむ カメで、こうらが
ドームがたです。

1m30cm

ニホンイシガメ

オスより メスが 2ばい おおきい、
にほんの カメです。

21cm

スッポン

こうらが やわらかく、
およぎが じょうずです。

35cm

アオウミガメ

およぐ スピードが はやく、
にほんの しまにも きます。

1m7cm

オサガメ

せなかは こうらではなく、
ひふで おおわれて
います。

1m90cm

いちばん！

いちばん
おおきな
ウミガメ

おおきさ：こうらの ながさ

りょうせいるいって どんな いきもの？

みずの なかや みずべの ちかくで せいかつ しています。

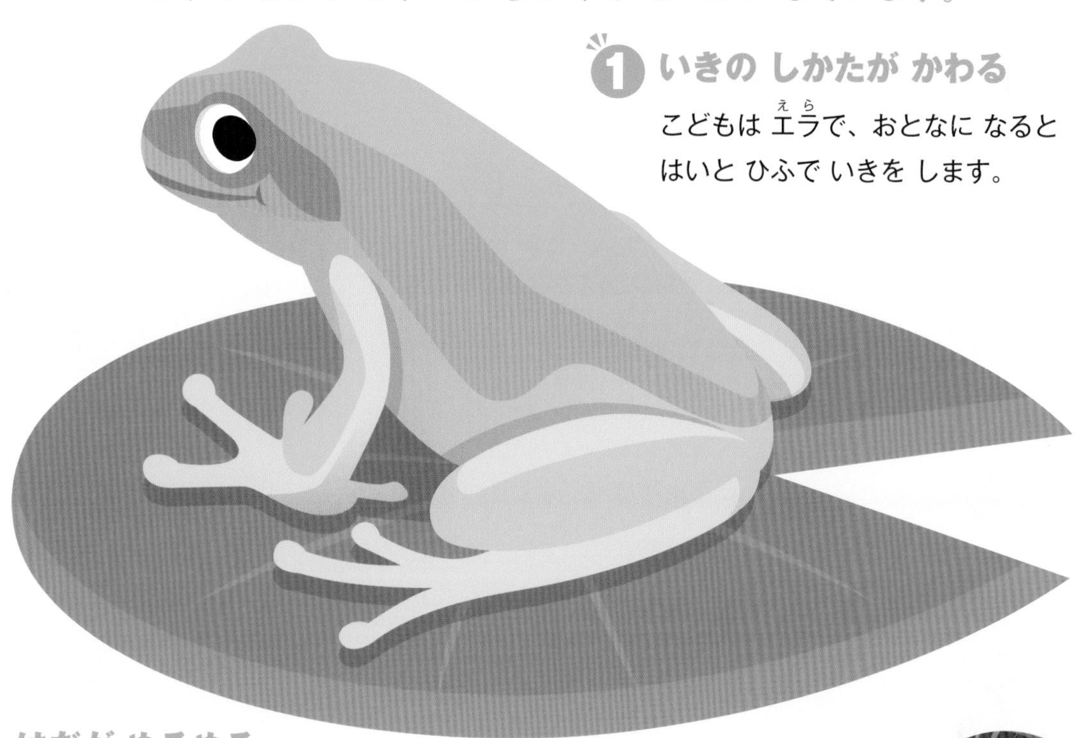

1 いきの しかたが かわる

こどもは エラで、おとなに なると
はいと ひふで いきを します。

2 はだが ぬるぬる

かんそうが にがてなので、はだを
ぬるぬるさせて かわくのを ふせぎます。

3 カラの ない たまご

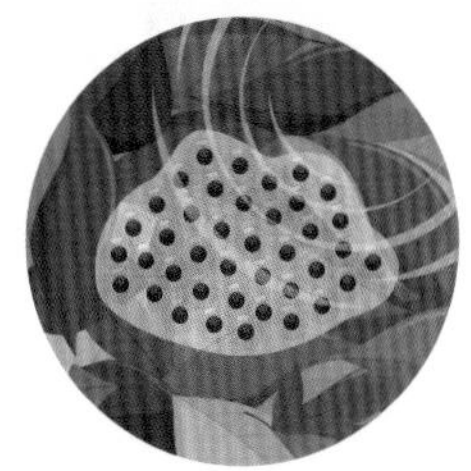

カラの ない たまごを
みずの なかに うみます。

りょうせいるいの そだちかた

[ニホンアマガエルの ばあい]

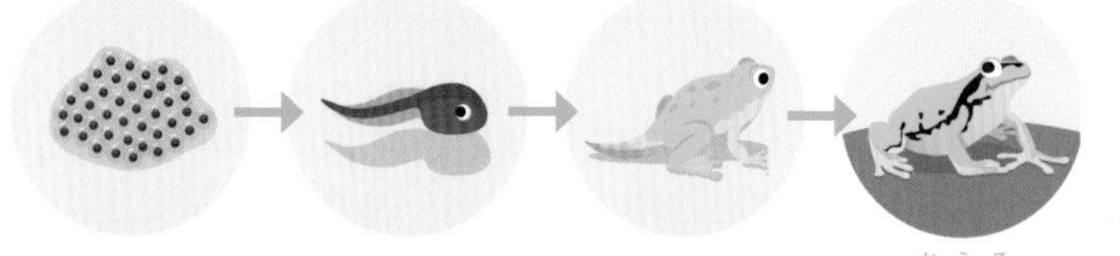

たまご（みずの なか） → おたまじゃくし（みずの なか） → あしがはえる（みずの なか） → カエル（りくじょう）

りょうせいるいの なかま

カエル

イモリ

サンショウウオ

カエルの なかま

オタマジャクシとして みずのなかで そだち、
あしが はえて、しっぽが とれ、
カエルに なります。

ニホンアマガエル

たんぼや みずべの ちかくに
います。 4cm

ニホンヒキガエル

にしにほんに いて、
「ガマガエル」とも
よばれます。 17cm

ウシガエル

もともと たべるために、
アメリカから つれてきた カエルです。
18cm

イチゴヤドクガエル

とても つよい どくが あるので、
さわると きけんです。
2cm

サンバガエル

5cm

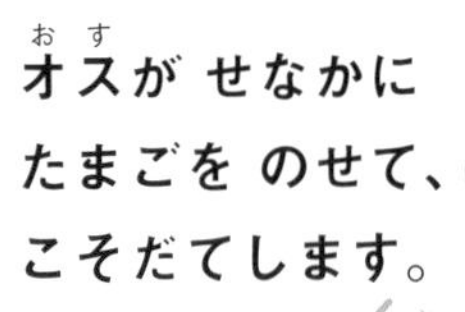

オスが せなかに
たまごを のせて、
こそだてします。

パエドフリン・アマウンシス

2009ねんに みつかりました。
たまごから おとなの かたちで うまれます。 7mm

いちばん!

いちばん ちいさな カエル

せぼねの ある どうぶつの なかでも、
いちばん ちいさいです。

おおきさ：はなさきから しっぽの つけねや おしりまでの ながさ

サンショウウオ・イモリの なかま

こどもから おとなに なるとき、カエルと ちがって しっぽは とれません。

からだの もようは、1ぴきずつ ちがいます。

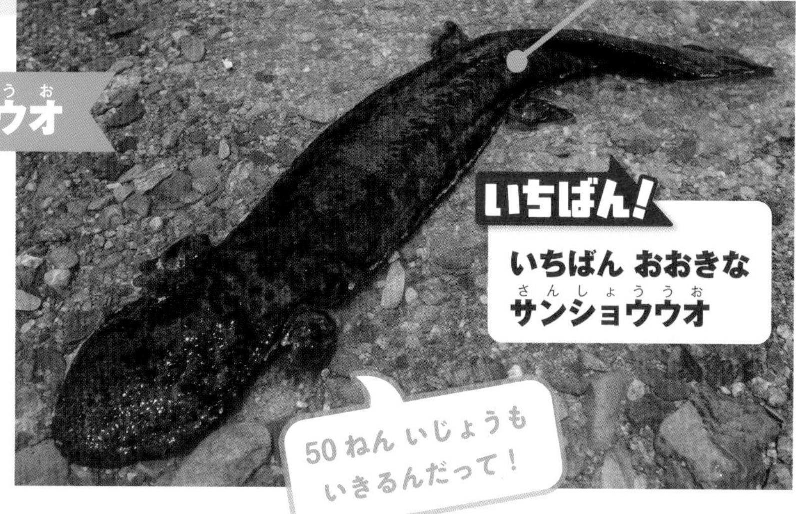

オオサンショウウオ

きれいな かわに すみ、ずっと みずのなかで くらします。

1m50cm

トウキョウサンショウウオ

かんとうちほうに いる こがたの サンショウウオです。 13cm

アホロートル

メキシコに います。こどもの かたちのまま おおきく なります。

30cm

いきをする エラが 6ぽん、からだの そとに でています。

しろい ものも います。

アカハライモリ

ひふには どくが あります。

あしが とれても、すぐに なおる かいふくりょくを もっています。

13cm

監修者

成島悦雄　なるしま えつお

1949年、栃木県生まれ。公益社団法人日本動物園水族館協会顧問。東京農工大学卒。都立動物園の獣医師、井の頭自然文化園園長、日本獣医生命科学大学客員教授を務める。トキ、ユキヒョウなどの希少種の保全活動にも従事。日本野生動物医学会評議員。著書に『珍獣図鑑』（ハッピーオウル社）、監修書に『生きのこるって、超たいへん！　めげないいきもの事典』『絶滅危惧種のふしぎ　ぎりぎりいきもの事典』（高橋書店）、『小学館の図鑑NEO〔新版〕動物　DVDつき』（小学館）などがある。長年にわたりNHKラジオ番組・子ども科学電話相談に回答者として子どもたちから寄せられる動物の質問に答えている。動物園を退職した仲間と行う、野生動物を観察する旅行がプライベートでの楽しみ。好きな生き物はスイギュウ。

塩見一雄　しおみ かずお

1947年、岡山県生まれ。東京海洋大学名誉教授。東京大学農学部水産学科卒業、同大学院博士課程修了（農学博士）。日本学術振興会奨励研究員、米国ロードアイランド大学薬学部博士研究員を経て、東京水産大学（現東京海洋大学）に赴任。東京水産大学では、食品衛生・公衆衛生の観点から、主に魚介類の毒成分・アレルギー物質・有害元素に関する化学的研究に従事。著書に『新・海洋動物の毒』『魚貝類とアレルギー』（成山堂書店）、『新・食品衛生学』（恒星社厚生閣）、『解いて学ぶ！食品衛生・食品安全　テキスト＆問題集』（講談社）、監修書に『小学館の図鑑NEO 危険生物　DVDつき』（小学館）などがある。社会貢献として、食品安全委員会かび毒・自然毒等専門調査会委員、日本ヒ素研究会会長、日本食品衛生学会会長などを務めた。

須田研司　すだ けんじ

むさしの自然史研究会代表。多摩六都科学館や武蔵野自然クラブで、子どもたちに昆虫のおもしろさを伝える活動に尽力している。監修書に『みいつけた！ がっこうの まわりの いきもの（1〜8巻）』（Gakken）、『世界の美しい虫』（パイインターナショナル）、『はじめてのずかん　こんちゅう』（高橋書店）、『世界でいちばん素敵な昆虫の教室』（三才ブックス）、『じゅえき太郎のゆるふわ昆虫大百科』（実業之日本社）、『昆虫たちのやばい生き方図鑑』（日本文芸社）、『すごい虫ずかん ぞうきばやしを のぞいたら』（KADOKAWA）などがある。

はじめてのずかん　いきもの

監修者　成島悦雄／塩見一雄／須田研司
発行者　高橋秀雄
編集者　白神あゆ子
発行所　**株式会社 高橋書店**
〒170-6014 東京都豊島区東池袋3-1-1 サンシャイン60 14階
電話　03-5957-7103

ISBN978-4-471-10413-9 ©TAKAHASHI SHOTEN　Printed in Japan

おまけ

ねこのかきかた

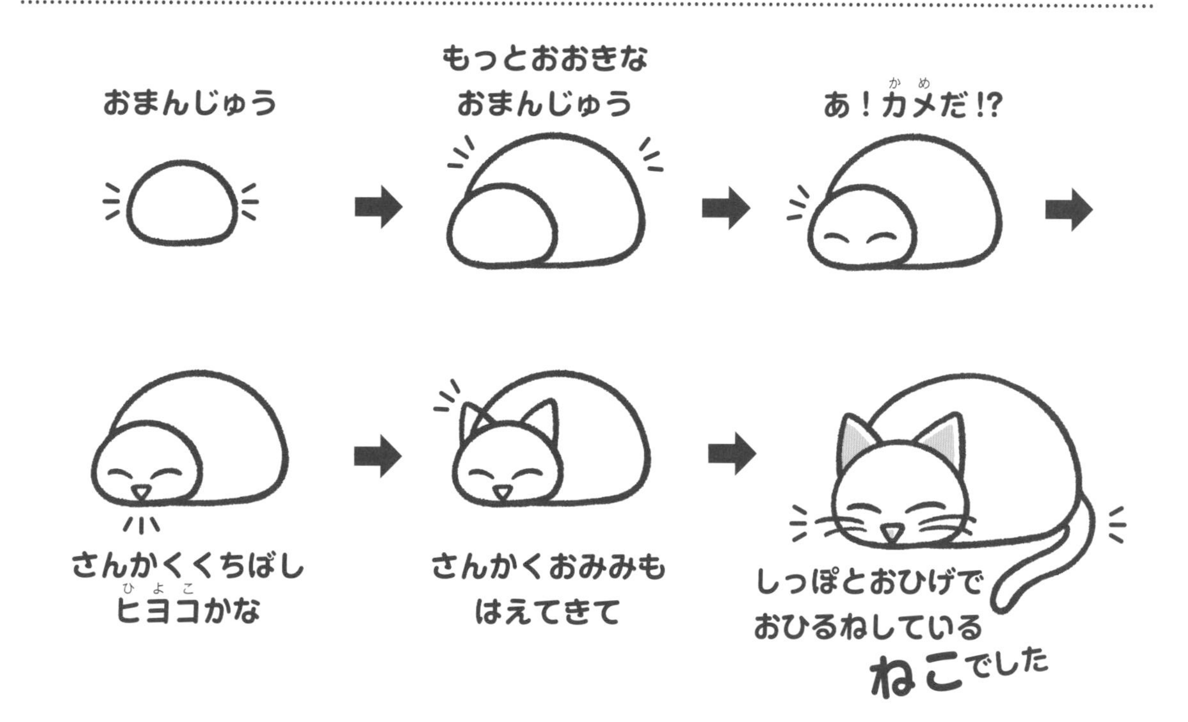

じぶんでかいてみよう

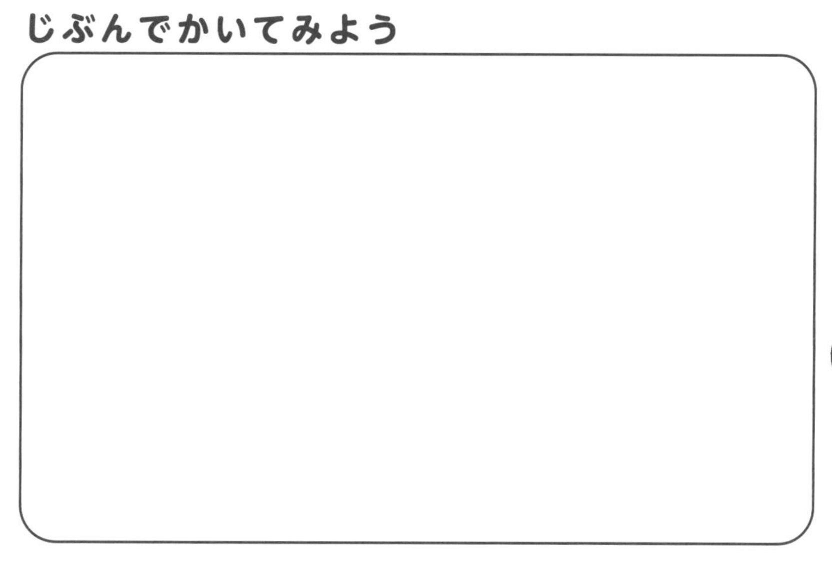